'우리는 도구를 만들고 도구는 우리를 만든다'고 한다. 맥크라켄은 폭넓고 통찰력 있는 분석을 통해, 우리가 더 많은 정보를 접하는데도 왜 진리와 점점 멀어지고 분별력이 사라지는지에 대해 심오한 지혜를 제공한다. 풍부한 내용, 생생한 일화, 확고한 대답을 향한 응집력이 도드라지는 이 책은 디지털 유랑자들이 넘쳐 나는 시대의 필독서임에 틀림없다.

마이클 호튼 웨스트민스터 신학교(캘리포니아) 존 그레섬 메이첸 석좌교수

세상의 어리석음은 너무나 압도적이다. 『지혜 피라미드』는 그 자욱한 안개를 걷어 내고 하나님이 창조하신 세상에 가득한 선함과 진리와 아름다움을 보여 준다. 지혜의 사람은 올바르게 배치된 진리의 근원들에 기대어, 어리석음이 물러나는 모습과 기존 세계의 새로운 모습을 목격하게 될 것이다. 이 책이 일깨워 주듯이 지혜는 세상 한가운데, 우리 앞에 있다. 이제 우리가 눈을 들어 찾아볼 차례다.

캐런 스왈로우 프라이어 사우스이스턴 침례신학교 영어 및 기독교 문화 연구교수,
『소설 읽는 신자에게 생기는 일』 저자

브렛 맥크라켄의 지혜 피라미드 도식을 처음 보자마자 그가 무언가를 발견했다는 것을 알 수 있었다. 나는 다음 주일에 그것을 사용했고 많은 사람들에게 이야기했다. 그리스도인에게 정보의 균형이 잡힌 식단이 절실히 필요하기 때문이다. 이 책은 현대 기독교의 문제를 진단하고 전반적인 해결책을 제시하는 데 놀라운 정도로 도움이 된다. 『지혜 피라미드』는 명확하고 확신에 차 있으며, 정보 포화 시대에 올바른 제자가 되기 위해 꼭 읽어야 할 가이드북이다.

마크 브로갑 칼리지파크교회 목사, 『짙은 구름, 더 깊은 긍휼』 저자

올해 읽은 책 중 단연 으뜸이다! 지난 1년 동안 과자와 초콜릿만 먹었다는 사실을 깨달는다면 어떻게 할 것인가? 『지혜 피라미드』는 '정보 식단'과 관련해 중요한 사실을 드러낸다. 바로 우리 대부분이 정크 푸드를 먹고 있는 데다가 이로 인해 개인의 정신 건강과 공중 보건이 매우 위태롭다는 것이다. 맥크라켄은 의사처럼 우리네 문화의 질병 요인을 정확하게 진단할 뿐 아니라 치료법까지 처방한다. 그는 건강한 지혜, 즉 하나님의 사랑을 증진시키는 방향으로 지식 소비 방식의 변화를 촉구한다.

조슈아 라이언 버틀러 리뎀션교회 목사

『지혜 피라미드』는 독자들이 체화해야 할 분별력을 모델로 제시한다. 이 모델은 철저하게 성경적이면서도, 진리와 아름다움과 선함을 담아내는 다채로운 근원들을 드러낸다. 저자는 아우구스티누스에서 자크 엘륄과 개혁신학, 그리고 대중음악과 유서 깊은 찬송가와 현대시를 아우르면서 범람하는 정보에 대처하는 모델을 세운다. 그뿐 아니라 서두르지 않는 습관, 인내와 겸손

에 뿌리박은 경건한 지혜를 갖추는 방법도 제시한다. 이 책이 가정, 소그룹, 교회에서 필독서가 되기를 소망한다.

젠 폴락 미첼 Surprised by Paradox 저자

그칠 줄 모르는 주의 분산, 성급한 논평, 얕은 결론이 시대를 잠식했고 우리는 참된 지혜를 향한 끌림과 열망을 상실하는 중이다. 이 책은 그런 위험한 세태에 대한 치료제다. 저자는 하나님을 사랑하고 경청하고 바라보라는 성경적 지혜를 중심으로 우리 삶을 재정비하고 마음과 생각을 재정립하라고 강력히 호소한다. 뜻깊은 믿음의 여정을 갈망하는 사람이라면 누구나 읽어야 할 것이다.

제이 킴 웨스트게이트교회 목사, Analog Church 저자

디지털 혁명은 일상생활의 구조를 수정한 정도가 아니라 혁신적으로 변화시켰다. 이목을 끌거나 놀거리를 발견하거나 지식을 획득하는 일이 이토록 쉬웠던 적은 없었다. '중독'은 필연이다. 구글은 지혜를 대신하기에는 턱없이 부족하다. 조심하지 않으면, 온라인에서의 삶이 우리 인식의 모든 것을 차지하고 지혜를 앗아갈 것이다. 그래서 이 책이 너무 반갑다. 이 시대의 거꾸로 된 우선순위에 대한 해독제이기 때문이다. SNS 타임라인을 채우고 있는 답답한 공기에서 벗어나 훌륭한 책에서 불어오는 신선한 바닷바람을 만끽한다면, 우리 영혼에 활력을 불어넣을 수 있을 것이다.

맷 스메서스트 The Gospel Coalition 편집장

나는 어머니로서 네 자녀들이 지혜로운 삶을 사는 데 필요한 습관을 기를 수 있기를 바란다. 하루가 다르게 어른이 되어 가는 내 아이들은 글로벌, 디지털, 정보화 시대가 요구하는 분주한 삶을 살아가야 할 테다. 그래서 아이들의 어린 시절과 가족이 함께 보내는 모든 시간이 진실하고 사랑스러운 것으로 빚어지길 소망한다. 이 책이 육아 서적은 아니다. 하지만 지혜로운 삶을 위한 습관과 우선순위를 정하는 데 도움이 된다는 점을 고려한다면 부모에게 딱 맞는 선물일 수도 있다. 성경적 통찰과 함께 실질적인 도움을 주며, 궁극적으로는 지혜로운 삶이 곧 선한 삶임을 드러낸다는 점에서 희망이 넘쳐 나는 책이다.

메건 힐 The Gospel Coalition 편집자, 작가

탈진리의 시대, 정보 과부하의 시대에서 그리스도인들은 인공지능 알고리즘이나 검증되지 않은 원리에 쉬이 지속적으로 설득되고 있다. 저자는 우리 스스로 검증한 사실과 SNS에 넘쳐 나는 '사실들'을 극복하고 지혜와 진리를 주관하시는 하나님 앞으로 우리를 데려간다.

토머스 테리 Humble Beast 대표

지혜 피라미드

The Wisdom Pyramid:
Feeding Your Soul in a Post-Truth World
Copyright ©2021 by Brett McCracken
Published by Crossway
a publishing ministry of Good News Publishers
Wheaton, Illinois 60187, U.S.A.

This edition published by arrangement
with Crossway through rMaeng2, Seoul, Republic of Korea.
All rights reserved.

This Korean edition copyright
©2022 by Scripture Union Korea,
Seoul, Republic of Korea.

이 한국어판의 저작권은 알맹2를 통하여 Crossway와
독점 계약한 성서유니온에 있습니다.
신 저작권법에 의하여 한국 내에서 보호받는 저작물이므로
무단 전재와 무단 복제를 금합니다.

정보 과잉 시대의 그리스도인을 위한 지혜의 토대 쌓기

지혜 피라미드

브렛 맥크라켄 지음
윤상필 옮김

차례

서문   지혜가 사라진 시대   8

1부   질병의 근원

정보 폭식   30

새로움에 대한 강박   48

자율성의 이면   66

2부   지혜의 근원

삶을 지혜롭게 하는 진리의 보고   84

성경   92

교회   114

자연   134

책   156

아름다움   174

인터넷과 소셜 미디어   194

지혜의 참 모습   210

감사의 글   226
주   229

서문
지혜가 사라진 시대

지혜가 길거리에서 부르며 광장에서 소리를 높이며
시끄러운 길목에서 소리를 지르며
성문 어귀와 성중에서 그 소리를 발하여 이르되
너희 어리석은 자들은 어리석음을 좋아하며
거만한 자들은 거만을 기뻐하며
미련한 자들은 지식을 미워하니 어느 때까지 하겠느냐
잠언 1:20-22

이 세상을 보라. 정보는 홍수를 이루지만 지혜는 메말랐다. 데이터는 넘치지만 명석함은 부족하다. 자극은 많으나 통합력은 떨어진다. 산만함은 늘었으나 고요함은 줄었다. 거만함은 넘치지만 자기성찰은 부족하다. 소견은 많으나 탐구는 부족하다. 말은 많으나 듣기는 부족하다. 눈으로 보는 것은 많으나 이해하는 것은 부족하다. 놀거리는 넘치지만 기쁨은 부족하다.

세상에 많은 것이 존재하지만 우리는 부족하다. 우리 모두 그렇게 느끼고 있다.

하루가 멀다 하고 쏟아지는 온갖 정보를 보면 현기증이 난다. 단편적이고 편향적인 뉴스 피드news feed에 묘사된 이 세상은 쉴 새 없이 변화를 거듭하는 불안정한 곳이다. 이런 세상을 마주하고 있자니 빙글빙글 돌아가는 놀이기구에 탄 듯 메스껍다. 군중의 아우성은 날카로운 쇳소리가 되어 우리 감각을 공격한다. 귓전이 얼얼할 지경이다. 모두가 메가폰을 들고 떠드는데 아무런 필터도 없다.

눈은 충혈되고 뇌는 과부하에 걸리고 영혼은 파리해진다. 우리는 인식론적 위기에 빠져 있다. 무엇이 신뢰할 만한지 잘 가려내지 못한다. 우리가 받아들인 뉴노멀 세상에서는 모든 것을 믿느냐, 아무것도 믿지 않느냐 사이에서 선택해야 할 것처럼 보인다. 또는 아무것도 믿지 않느냐, 오직 나 자신만을 믿느냐 사이에서 선택해야 할 수도 있다. 꽤 논리적인 전략인

듯하지만, 실상은 우리의 인식론적 질환을 악화시킬 뿐이다.

이런 세상에서 제대로 된 삶을 누릴 수 있을까? 우매함이라는 전염병이 멈출 줄 모르고 창궐하는 때에 면역력을 강화하고 건강을 유지하려면 어떻게 해야 할까? 점점 더 많은 환자가 치료제를 찾게 될 이 시대에 그리스도인은 과연 지혜의 보고가 될 수 있을까?

정보를 섭취하는 좋은 습관

이 책을 통해 제언하고픈 주제는 다음과 같다. 우리에게는 더 나은 지식의 식단, 더 나은 정보 섭취 습관이 필요하다. 정보화 시대 속에 수많은 견해, 인터뷰, 오락거리가 도처에 넘치지만 정작 지혜는 종적을 감추고 있다. 이런 시류 가운데 지혜롭고자 한다면 우리가 무엇을 먹고 있는지 더욱 세심히 분별해야 한다. 금세 휘발되고 신뢰할 수 없는 정보가 우리를 향해 밀려들지만, 우리는 영원하고 신뢰할 만한 토양에서 나고 자란 지혜를 먹어야 한다. 지혜를 조성하는 식단은 늘리고, 어리석음을 조성하는 식단은 줄여야 한다.

'음식 피라미드Food Pyramid'란 말을 들어 보았을 것이다. 1992년 미국 농무부가 처음 발표한 음식 피라미드는 감자튀김, 탄산음료, 당류만 먹는 게 얼마나 어리석은지, 그리고 곡물, 과일, 야채를 섭취하는 게 얼마나 지혜로운지 인식시키기 위해 고안되었다. 음식 피라미드는 건강한 섭식 습관을 위한 시각적인 안내 자료로서, 균형 잡힌 식단을 구성하는 데 각 식품군의 도움이 필요하다는 점을 제시하고 있다.

정보 섭취 습관을 위해서도 이와 유사한 무언가가 필요하다. 우리에겐 날마다 정보의 대양을 어떻게 항해해야 하는지 알려 주는 좌표가 필요하다. 또한 현 시류가 자아내는 온갖 잡음과 혼잡함에 휘둘리지 않게 해 주는 질서 체계가 필요하다. 즉 우리에게는 '지혜 피라미드'가 절실하다.

탈진리, 뉴노멀이 되다

2020년 코로나19 팬데믹을 기점으로 디지털 시대에 우리가 직면한 인식론적 위기의 심각성이 폭로되기 시작했다. 새로운 바이러스가 온 땅에 창궐하면서 공중 보건 전문가들과 정부 지도자들은 폭발적인 전염성의 근거와 대책을 찾는 데 여념이 없었다. 그러나 오늘날 세상에서―좋든 나쁘든 위험하든―정보가 퍼져 나가는 속도 덕분에 불완전한 데이터, 잘못된 예측, 함량 미달의 분석, 모순된 충고들이 대담하고 빠르게 퍼져 정보의 재앙을 일으켰으며 이는 코로나라는 질병만큼이나 위험천만했다. 코로나에 대해, 그리고 정부가 지시한 '자택 대피령stay-at-home'에 대해 어떤 입장을 취하든 간에 그 입장을 옹호해 줄 기사, 연구, 전문가 등을 온라인상에서 쉽게 찾을 수 있었다. 결과는 참담했다. 거의 모든 것에 관한 냉소와 불신이 더 깊이 파고들었다.

코로나 바이러스 자체가 이렇듯 끔찍한 정보의 동력을 만든 것은 아니지만, 바이러스로 인해 위기가 악화된 것은 분명하다. 우리의 인식론적 위기가 수면 위로 드러난 때는 2016년이었다. 도널드 트럼프Donald Trump의 미국 대통령 당선과 영국의 브렉시트를 보며 수많은 전문가는 경악했고, 이 세상이 전무후무하고 예측 불허한 국면으로 진입하고 있음을, 그것도 현실이 아닌 분노, 사실이 아닌 공포로 추동되고 있음을 절감하게 되었다.

그 결과 옥스퍼드 사전은 2016년 올해의 단어로 '탈진리post-truth'를 선정했고, 이를 "여론 형성 과정에서 객관적 사실보다는 개인적 신념과 감정에 호소하는 게 더 영향력 있는 환경"으로 규정했다.[1] '탈진리'라는 뉴노멀이 부각된 시점은 2017년 초였는데, 「타임Time」은 "진리는 죽었는가"라는 질문을 표지에 제기했다. 이는 50년 전 타임지가 표지에 던졌던 질문, "신은 죽었는가"에 대한 일종의 패러디였다(1968년 타임지 표지에는 최초로 사진 없이 흑백 바탕에 "Is God Dead?"라는 제목만 박혀 있었고, 커버스토리로 신의 죽음과 사신신학을 다루었다—옮긴이).[2] 반세기의 간격을 두고 떨어져 있지만 두 표지는 단일한 화두를 던진다. 하나님이라는 궁극적인 진리의 기준이 없으면, 우리가 품고 있는 모든 것이 각자 해석하기에 따라 '진리'가 된다는 것이다. "각자 원하는 대로, 너답게 살라." 이 모든 상황을 보며 혼란을 느끼는 것은 어찌 보면 당연하다. 하나님을 버리라. 그러면 진리도 버리게 될 것이다.

정신적이고 영적인 질병

최근 나는 대학생들에게 강의를 하다가 두 가지 질문을 던졌다. "스마트폰을 가진 사람은 여기서 몇 명일까요?" 교실에 있던 마흔 명 모두 손을 들었다. "그러면 스마트폰 덕분에 삶이 더 행복하고 건강해졌다고 느끼는 사람이 있나요?" 손을 든 건 딱 세 사람이었다.

심리학자 진 트웬지Jean Twenge가 명명한 Z세대 혹은 i세대는 늘 휴대폰을 끼고 산다. 그런데도 행복하진 않다. 늘 화면을 뚫어지게 쳐다보고 메시지를 주고받고 소셜 미디어에 매여 살지만, 그 결과 i세대는 우울, 고독, 불안, 수면장애, 자살 충동 등에 시달리고 있다.

트웬지가 주장하기를, "i세대의 정신 건강이 가히 최악일 정도로 위험하다는 것은 결코 과장이 아니다."3) 트웬지는 이런 우려를 학문적으로 뒷받침하기 위해 다방면의 연구를 종합해 2017년에 『i세대 iGen』이라는 책을 출간했다. 이 책 부제에는 다음과 같은 질문이 담겨 있다. "인터넷으로 연결된 아이들이 비교적 반항적이지 않고 관용적이지만 그리 행복하지 않고 어른이 될 준비가 안 된 이유가 무엇일까? 또한 이 모든 것은 우리에게 무엇을 의미하는가?" 이 부제는 실로 많은 것을 말하고 있다.

책에서 트웬지는 2007년 아이폰의 등장 이후 i세대의 정신건강 문제가 얼마나 심각해졌는지 설명한다. 스마트폰이 흔한 곳에서는 정신질환을 나타내는 지표들이 가파르게 상승한다. 이를 우연의 일치라 할 수는 없다. i세대만이 디지털 시대의 독소로 고통 받는 것은 아니다. 디지털 정신질환은 모든 경계를 넘어서고 있다. 미국의 건강보험 회사 블루크로스 블루쉴드Blue Cross Blue Shield의 한 연구 보고서에 따르면, 2013년 이래로 주요 우울증 진단을 받은 미국인의 수가 33퍼센트나 증가했다.[4] 십대 상승률이 두드러진 편이지만, 전반적으로 모든 연령대에서 상승하는 중이다. 예상하듯 미국만의 문제가 아니다. 우울증은 어느덧 전 세계에서 가장 대표적인 질환이 되었는데, 거의 3억 명의 세계인이 우울증으로 고통 받고 있다.[5]

미국인들이 점점 불행해지고 있다는 연구도 있다. 갤럽Gallup과 셰어케어Sharecare가 함께 발표한 '행복지수'에 따르면, 2017년은 미국에서 불행지수가 최고점을 찍은 한 해였다.

2017년에 무려 스물한 개 주에서 행복지수가 하락했으며, 9년 동안 단 한 주도 통계적으로 유의미한 지수 상승을 보이지 않은 것도 이때가 최초였다.[6]

사람들이 느끼는 외로움도 점점 커져 간다. 건강보험 회사 시그나Cigna에서 발표한 '2018년 미국 고독지수'에 따르면 미국인 중 거의 절반 가까이(46퍼센트)가 항상 혹은 자주 외로움을 느끼는데, 특별히 Z세대와 밀레니얼 세대에서 가장 높았다. 고독은 "매일 담배 열다섯 개비를 피는 것만큼 건강에 해롭고, 심지어 비만보다 훨씬 위험하다."[7] 2017년 영국 정부는 최초로 '외로움 문제 담당 장관'을 임명했고, 위기 해결을 위해 약 22만 유로(한화 354억)를 투자했다.[8]

디지털 시대의 문화적 질병은 악화일로에 있고, 우리의 육체적 건강에도 영향을 끼친다는 징후도 분명하다. 지난 60년 동안 거의 오르기만 했던 미국인의 기대수명은 2014년을 기점으로 줄어들더니 꾸준히 하향세를 유지하고 있다. 이에 대한 결정적인 이유는 자살률과 약물 과다 복용이 꾸준히 증가했기 때문이다.[9] 그렇지만 이런 통계나 국가 단위의 조사, 그리고 행복지수 등은 피폐한 디지털 환경 속에서 체감되는 현실까지 다 담아내지는 못한다. 정도의 차이는 있지만 너 나 할 것 없이 우리 모두 감염된 것 같다.

메스꺼움, 중독, 기타 질환

나는 걸핏하면 속이 메슥거린다. 트위터를 열면 악랄한 혐오 발언, '자뻑'에 취한 자랑, 선행을 과시하는 글이 줄줄이 이어진다. 볼 때마다 속이 울렁거린다. 나 역시 아무 이유 없이 휴대폰 삼매경에 빠지곤 한다. 인스타그램을 무심히 스크롤하다가 링크를 타고 이곳저곳을 유랑하며 뜬금없이 스포츠 경기 결과를 확인하다가 또 다른 무언가에 빠져든다. 그 순간만큼은 유체 이탈을 하는 느낌이다. 언제 어떻게 왜 들어갔는지도 모른 채 이상한 디지털 나라로 들어간 것 같다. 심지어 지금 이 글을 쓰고 있는 순간에도 책상 위에 놓인 스마트폰이 내게 음흉한 손짓을 수차례 보내고 있다. 왜 이럴까? 유혹을 쳐낼 수 있을까? 휴대폰을 보는 것으로 하루의 시작과 끝을 열고 닫는 것도 모자라 틈만 나면 휴대폰을 들여다본다. 이런 악습을 어떻게 해야 버릴 수 있을까? 이것이 나에게만 해당하는 문제는 아닐 것이다.

나를 비롯해 많은 사람이 느끼고 있는 이 질환은 슬롯머신 중독 질환과 비슷하다. 홀리듯 기계에 동전을 넣는 것처럼 우리는 조건반사적으로 길들여져 있다. 푸시 알림 소리와 깜빡임은 도파민을 분비시켜 우리가 폰에 빠져 있게 만들도록 설계되었다. 우리는 궁금함을 참기가 쉽지 않다. 누가 메시지를 보낸 걸까, 내 사진에 뭐라고 답글을 달았을까, 오늘 누리꾼들을 분노하게 만든 이슈는 무엇일까? 우리 역시 이것이 심각한 질환임을 알고 있지만, 알코올, 담배, 당만큼이나 중독적이다.

  나는 또 다른 증후군도 겪고 있다. 언젠가부터 책을 대충 훑어보는 버릇이 생겼다. 책을 몇 페이지 읽다가 위키피디아Wikipedia에서 뭔가를 찾거나 확인하고, 다시 몇 페이지 읽다가 이내 트위터나 다른 SNS로 눈을 돌리곤 한다. 거기에다 문자, 페이스북 메시지, 인스타그램, 왓츠앱WhatsApp, 슬랙Slack, 복서Voxer, 마르코폴로MarcoPolo, 아사나Asana, 링크드인LinkedIn, 이메일 등에서 멈추지 않고 알림이 오다 보니, 답장을 빨리 해야 할 것 같은 초조함에 두통이 생길 지경이다. 제아무리 발버둥쳐도 헤어날 수 없는 늪에 빠진 것만 같다.

  이런 증상들을 겪으며 나는 이 책을 쓰기로 마음먹었다. 이러한 질환을 몸소 겪고 주위 사람들이 겪는 걸 보면서 나는 더 나은 삶의 길에 도전하고 싶었다. 이 광란의 세계 가운데서 건강하고 덕이 되며 중심 잡힌 삶의 길을 도전하고 싶다. 이 혼돈의 시대를 사는 우리에게는 분별력이 절실하다. 하지만 섣부른 처방을 내놓기 전에 먼저 이 질환의 원인을 알아보자.

우리를 병들게 하는 세 가지 습관

우리가 매일 어떤 '음식'을 먹는지, 어떤 식단의 지식을 섭취하는지 면밀히 확인해 보자. 영양가가 높은 음식이라면 우리에게 통찰력과 지혜를 주고 지적 감염과 영적 고통으로부터 벗어나게 해 줄 것이다. 그러나 만에 하나 유해한 음식이라면 이를 먹은 우리는 아둔해지고 현 세대의 거짓과 유혹에 무방비로 노출될 것이다.

오늘날 세상에 만연한 잘못된 정보 섭취 습관 세 가지가 아래에 제시되어 있다. 이 습관들이야말로 우리 질환의 원인이다. 1부에서 세 장을 할애해 이 습관들을 하나하나 검토할 것이기에 여기서는 간단히 살펴보겠다.

1. 너무 많이 먹기

과식하면 결국 탈이 나듯 너무 많은 정보를 먹어도 탈이 나기 마련이다. '정보 과부하information overload'라는 말보다 인터넷 세대를 더 잘 설명할 수 있는 말은 없다.

성경에 관해 궁금한 게 있는가? 구글에게 물어보라! 수백 개의 답이 줄줄이 나올 것이다. 커튼 설치법 영상이 필요한가? 그런 영상은 유튜브에 차고 넘친다(농담이 아니다. 내가 본 커튼 설치법만 해도 다섯 개 이상이다). 파리에서 최고의 크루아상 맛집을 찾고 있는가? 옐프Yelp나 트립어드바이저TripAdvisor

를 비롯한 수많은 웹사이트에 넘쳐 나는 리뷰들을 활용하라.

　이론상으로 본다면야 막대한 정보 저장고를 제집 드나들듯 할 수 있으니 얼마나 좋은가. 그렇지만 현실에서는 무용지물인 경우가 허다하다. 구글의 알고리즘을 거쳐 검색된 '랭킹'을 마주한다 해도, 정보량이 워낙 압도적이라 쓸 만한 녀석을 추려내기 쉽지 않다. 가령, 육아 블로거나 육아서적 저자들은 저마다의 수면 교육에 대한 비책을 제시한다. 누구 말이 진짜일까? 어느 방법이 제일 잘 통할까? 모르는 게 없는 인터넷은 문제를 말끔하게 해소하겠다고 약속하지만, 더 복잡하게 꼬여 버리는 상황도 비일비재하다.

　공간에 제한이 없다는 것도 큰 문제다. 물리적인 상점이나 지역사회에는 한계나 경계가 존재한다. 물론 슈퍼마켓에도 꽤 많은 브랜드의 커피를 진열할 수 있고 한 가족이 모여 추수감사절에 해 먹고 싶은 요리 목록을 꽤 많이 작성할 수 있겠지만, 인터넷에는 한계가 없다. 커피 브랜드든 추수감사절 레시피든 선택 사항은 거의 무한대다. 거듭 말하지만, 이론적으로 본다면 이보다 더 자유로울 수 없다! 하지만 실제로는 우리에게 좌절감을 준다. (사용자들이 올린 리뷰를 제외하고) 구분되거나 검증되거나 심사되지 않은 정보가 그토록 많은데 어떻게 최선의 선택지를 고를 수 있을까?

　'무한한 공간'이란 온라인 미디어의 특성 탓에 각종 뉴스 채널들은 찰나의 공백도 없이 한 주 7일 내내 24시간 뉴스를 무한 생산한다. 사정이 그렇다 보니 보도 가치가 있는 뉴스들은 뒷전으로 밀려나는 추세다(대신 한 시간이나 할애해 자동차 추격 장면을 보여 준다). 웹상에서는 매일 새로운 '긴급 속보'에 대한 기대가 가득하고, 치열한 클릭 경쟁도 일어난다. 뉴스 웹사이트들은 정보 과잉의 각축장에서 어떻게든 튀어 보려고 자극적인 제목 낚시질에 혈안이며, 가용한 수단을 총동원해 클릭을 유도하느라 여념이 없다. 결국 뉴스는 성급하거나(어제 일어난 사건에 대한 주관적인 논평) 비생산적이거나 신중하지 못한 내용으로 채워지고, 장기적인 지혜를 남기기보다는 반짝하고 지나가는 논쟁으로 왜곡되고 만다.

디지털 시대의 경쟁 구도 안에서 정보라는 '음식'은 날이 갈수록 영양이 부실해지고 있다. 점점 정크 푸드junk food를 닮아 간다. 도리토스와 키세스의 검색량은 언제나 시금치의 검색량보다 높다. 우리는 각종 소셜 미디어 스낵과 온라인 정크 푸드가 가득한 뷔페에서 날마다 폭식 중이다. 병이 나지 않는 게 이상할 정도다.

2. 너무 빨리 먹기

너무 급하게 먹으면 탈이 난다. 허겁지겁 음식을 먹어 치우다가는 나중에 대가를 치르기도 한다. 아무리 간편하다 한들 '패스트' 푸드에 영양이 풍부할 리 없다. 영양과 맛 모두 풍부한 최고의 음식은 대개 천천히 조리되고 섭취된다. 이는 정보와 관련해서도 마찬가지다.

다들 어찌할 바 모른 채 살아간다. 일주일 전 헤드라인을 장식했던 사건은 이미 기억 저편으로 사라진 지 오래다. 각종 소셜 미디어는 해시태그(#)가 달린 트렌드를 따라다니느라 정신이 없으니 작년은 고사하고 지난 달을 재론할 이유가 없을 것이다. 인터넷은 바로 '지금 이 순간'의 미디어다. 기억은 짧으며, 끊임없이 변화한다. 온라인에서의 삶은 늘 무언가를 따라잡으려고 발버둥치는 삶이다. 가령 페이스북에서 다들 공유하고 있는 기사를 읽고, 누군가의 인스타그램 스토리가 사라지기 전에 확인해야 한다. 친구가 보낸 메시지에 20분 이내로 대답하지 않는다면 우정에 금이 갈지 모를 일이다. 당신이 온라인상에서 이름 좀 날리는 '인플루언서'라고 가정해 보자. 소셜 미디어에서 갓 화제가 된 일을 아무 논평 없이 지나친다면 당신은 인플루언서의 위치를 잃게 된다. 낚시성 글이든 시의적절한 트윗이든 간에 인터넷 세상에서 행운은 가장 빠른 사람에게 임한다. 지혜로운 사람에게는 관심이 없다.

이러한 속도감에는 비판적 사유가 들어설 여유가 없다. 트윗과 트윗 사이를, 기사와 기사 사이를 쉴 새 없이 이동하다 보니 신중하고 비판적인 시각으로 정보를 읽기는커녕 대충 훑어보고 넘어가기도 벅차다. 몇몇 학자들이 발견한 내용에 따르면, '정크 푸드'식 온라인 정보 습득 성향은 뇌의 회로 자체를 바꾸고 있다고 한다. 즉 신중하고 비판적인 인지 능력이 서서히 잠식되고 있다는 뜻이다. 문해력 증진에 앞장서 온 학자인 매리언 울프Maryanne Wolf는 이렇게 말한다. "즉각성, 편이성, 효율성에 보상을 주는 문화권에서 비판적 사유를 심화시키기 위한 정성 어린 시도는 점점 설 곳을 잃고 있다."10)

이런 이유로 가짜 뉴스가 증가하고 댓글과 리뷰를 가장한 거짓 정보가 기승을 떨치며 음모론이 수그러들지 않는 것이다. 신속함은 오류를 낳는다. 속도 탓에 우리는 쉽게 거짓 기사에 현혹되고 거짓 정보의 전달자가 된다. 아마추어 블로거나 페이스북 이용자만 이런 위험에 취약한 게 아니다. 사회에서 존경받는 전문가나 권위 있는 기관들도 무언가를 제대로 파악하기 전에 성급히 견해를 밝히는 우를 범하곤 한다. 만일 「뉴욕 타임스」가 인터넷 속도에 발맞추느라 성급하고 부정확한 기사를 양산한다면, 도대체 우리는 누구를 믿어야 할까? 질병통제예방센터Center for Disease Control가 감염 역학에 대해 신뢰할 만한 정보를 제공하지 못하고 최고의 방지책을 내놓지 못한다면, 누구를 믿어야 할까? 정보의 출처에 대한 회의감이 오랫동안 누적되면서 우리는 내면으로 침잠한 뒤 나 자신만을 믿는 독단에 빠지고 있다. 이 때문에 우리는 세 번째 잘못된 습관을 갖게 된다.

3. 입맛에 맞는 것만 먹기

우리가 좋아하는 음식만 주구장창 먹는다면 병들거나 죽고 말 것이다. 나는 아몬드 크루아상과 초콜릿칩 쿠키라면 죽고 못 사는 사람이지만(여기에 블랙커피를 곁들이면 금상첨화다), 이렇게만 먹으면 금세 병원 신세를 질 게 뻔하다. 정보 식습관도 비슷하다. 우리는 으레 그렇듯 좋아하고 입맛에 맞는 재료만 먹고 싶지만, 결국 이 때문에 병들게 될 것이다. 애석하게도 허다한 사람들이 과도한 개인주의가 판치는 세상 속에서 정보를 편식하면서 '내 맘대로' 세계로 무작정 돌진한다.

인터넷은 당신을 중심으로 형성되어 있다. 구글 검색, 소셜 미디어 알고리즘, 그리고 시리Siri, 알렉사Alexa, 넷플릭스Netflix, 스포티파이Spotify 등이 추천해 주는 온갖 정보, 이메일을 쓸 때 알아서 문장을 완성해 줄 만큼 발전해 소름끼치게 하는 인공지능 등 이 모든 것이 당신에게 맞춰져 있다. 이론적으로 본다면야 이 놀라운 발전상 앞에서 경이를 느껴야 마땅하다. 당신만의 기호와 성향에 꼭 맞춰 당신을 중심으로 돌아가는 세상에 꼬투리 잡을 게 뭐가 있겠는가? 사실 몇 가지 문제가 있다.

첫째, 모든 것이 나와 내 취향을 중심으로 돌아간다면 일단 내게 좋은 것이 무엇인지 알아야 한다. 우리는 대개 그렇지 못하다. 고객 맞춤형 피자 가게를 생각해 보자. 당신은 줄을 따라 이동하면서 피자에 올릴 재료를 하나씩 고를 것이다. 매운 토마토 소스에 소시지, 페퍼로니, 올리브, 적양파, 마늘, 리코타 치즈, 모짜렐라 치즈를 올리고 페스토를 약간 얹을 것이다. 뭐든 당신 입맛대로 하면 그만이다. 내 경험을 말하자면, 나는 최상의 토핑 조합을 찾는 데 워낙 젬병이라 나에게 완벽한 피자를 만드는 데 늘 실패한다. 나 같은 사람에게는 차라리 셰프의 전문성을 믿는 편이 낫다. 요리에 대한 지혜를 가진 누군가가 피자를 만들게 하는 편이 훨씬 나을 것이다. 게다가 내 피자를 만드는 일이 오직 나에게만 달려 있다면, 내가 알고 좋아하는 맛만 고수하게 될 것이다. 미지의 맛을 경험하거나 새로운 취향을 발견할 수 없을 것이다.

두 번째 문제는 다들 개성과 취향에 맞게 완벽히 큐레이팅된 '나'만의 삶을 추구하다 보니 타인과의 공통점을 찾기 어려워졌다는 점이다. 언제부터인가 우리의 공감 능력이 서서히 줄어들고 있다. 사람과 연결되기가 어려워졌다. 뉴스나 소셜 미디어 등을 통해 경험세계가 나와 다른 사람을 이해하기 쉽지 않기 때문이다. 우리 모두 각자 만든 미디어 거품 속에 살고 있어 서로 교집합이 없다. 사회가 점점 분열하고 분노에 휩쓸리는 데는 나름의 이유가 있겠지만, 생산적인 대화를 할 수 없다는 게 크다. 다들 자기만의 '사실'이나 '전문가'를 앞세우고 편향성을 버리지 않은 채 참여하니 대화가 될 턱이 없다. 이는 결국 자기 입맛에 맞는 정보만을 끼고 살아왔기 때문이다. 타인과 어울리지 못한다면 우리는 점점 개인주의적이고 편협한 거품 속으로 물러나게 될 것이다. 이러한 토양에서는 지혜가 돋아날 수 없다.

건강한 식습관

그러면 영혼을 망치는 이런 나쁜 식습관을 어떻게 해결해야 할까? 그리스도인은 스스로 "진리"임을 자처하실 뿐 아니라(요 14:6) "진리가 너희를 자유롭게 하리라"고 선포하신 분을 따르는 사람이다. 그런 우리가 탈진리의 시대 한가운데서 진리를 회복하고 지혜의 본이 되는 데 앞장서야 하지 않을까?

일부 그리스도인들이 이미 언급했듯, 오늘날의 문화적 상황은 너무나 암담하고 디지털 시대의 기형적인 가속도는 줄어들 기미가 보이지 않는다. 최상의 대응 방안은 그냥 포기하는 것이다. 디지털 시대의 전염병에 감염되지 않으려면, 플러그를 뽑고 중세 암흑기의 수도사들처럼 속세를 등진 공동체를 형성해야 할 테다. 미래 세대에게 소금과 빛으로 남고 싶은가? 이 난장판에 휩쓸리지 않고 기독교적 지혜의 담지자가 되고 싶은가? 그렇다면 맹공격 속에서 살아남기 위해 몸을 낮추고 끝날 때까지 기다려야 한다.

논리로는 그렇다. 말은 되지 않는가? 내 지식 섭취 습관도 엉망일 때가 다반사인데, 갓 태어난 아들마저 그런 풍조에 시달릴까 봐 조바심이 생긴다. 휴대폰을 쓰레기통에 던져 버리고 컴퓨터를 부숴 버리고 싶은 마음이 굴뚝같다. 차라리 사막이나 산기슭에 라브리L'Abri 같은 지성 공동체, 휴대폰 없이 책으로만 가득한 공동체를 세우면 어떨까 하는 꿈을 꾸기도

한다.

그러나 곧장 이런 생각이 떠오른다. 기독교 역사 전체를 통틀어 볼 때, 예수님의 제자들은 감염에 대한 두려움을 핑계로 병자들을 버리거나 도망가지 않았다. 외려 병자들 곁을 지켰고 마음을 다해 그들을 도왔다. 로마제국 초기에 치명적인 역병이 창궐하면서 숱한 사람이 고통을 받았지만 그리스도인들은 이교도들을 성심으로 돌보았다. 의료선교사였던 낸시 라이트볼Nancy Writebol과 켄트 브랜틀리 박사Dr. Kent Brantly는 2014년 서아프리카에서 에볼라 환자를 돌보다가 자신도 에볼라에 걸리고 말았다.11) 예수를 따르는 이들은 예수께서 행하신 바를 똑같이 실천했다. 그리스도인들은 나병 환자와 매춘부, 마약 중독자와 노숙자를 피하지 않고 그들을 향해 나아갔다. 자기 목숨을 위해 도망가는 것이 아니라 이웃의 안전을 위해 온전히 섬겼다.

인식론적 병폐가 만연한 이 시대에 꼭 필요한 행동 아니겠는가. 이 유독한 정보 환경 속에 머문다는 것은 언제든 역병에 감염될 수 있음을 의미한다. 그렇지만 다 내팽개치고 떠나는 것은 잃어버린 자들이 어두운 나락 속으로 들어가도록 내버려 두는 것을 의미한다.

이 세상에는 지혜, 흔들리지 않는 진리, 굳건한 토대가 절실하다. 기독교만이 이런 지혜를 줄 수 있으며 병든 문화를 치유할 수 있다. 하지만 어리석음으로 가득한 이 어두운 시대에 기독교적 지혜의 섬광을 비추려면, 그리스도인들이 각자 삶에서 지혜로운 습관을 회복해야 한다. 우리에게 필요한 것은 실제로 지혜를 배양시켜 주는 지식을 섭취하는 습관이다. 건강한 신체를 위해 음식 피라미드가 필요했듯, 건강한 정신과 신앙을 위해서도 피라미드가 필요하다. 지혜 피라미드는 우리가 무엇을 먹고 무엇을 먹지 말아야 하는지, 어떠한 비율로 먹어야 하는지 안내해 준다. 그런 지침이 있다면, 우리는 보다 건강하고 튼튼해질 수 있을 것이다.

이것이 바로 이 책의 주제다. 이 책의 목표는 그리스도인들을 더욱 지혜롭게 만들어 병든 사회를 안정화하는 것이다. 이를 위해 그리스도인들은 하나님을 경외하고 진리를 선포하며 진리를 삶으로 살아 내야 한다. 즉 소금과 빛이 되는 것이다. 우리는 세상의 소금과 빛으로 부름 받았다. 이 세상이 그런 우리를 절실히 기다리고 있다.

토의를 위한 질문

1) 정보와 지혜가 반비례해 보이는 이유는 무엇일까?
  (서문의 첫 문장을 참조하라. "이 세상을 보라. 정보는 홍수를 이루지만 지혜는 메말랐다.")

2) 디지털 시대를 살아가면서 개인적으로 정신적, 영적 질환을 경험해 본 적이 있는가?

3) 잘못된 정보 섭취 습관 세 가지(너무 많이, 너무 빨리, 내 입맛에 맞는 것만 먹기) 중에서 가장 버리기 어려운 습관은 무엇인가?

1부

질병의 근원

정보 폭식

지식 속에서 잃어버린 지혜는 어디 있는가?
정보 속에서 잃어버린 지식은 어디 있는가?
T. S. 엘리엇, '바위'

정보화 시대에 정보가 기하급수적으로 팽창하는 모습을 보면 입이 다물어지지 않는다. 이런 현상을 수치로 말하자면 이렇다. 2019년, 단 1분 동안 인터넷상에서는 1억 8,000만 건의 이메일이 오고 갔고, 1,800만 건의 문자 메시지가 전송되었으며, 유튜브에서는 450만 건의 영상이 시청되었다.[1] 2020년에는 정보 총량 바이트 수가 우주에서 관찰 가능한 별보다 40배 이상 많을 것으로 보인다. 일부 추정치에 따르면, 하루에 무려 202만 5,463엑사바이트exabyte의 데이터가 온라인상에서 생성된다고 하는데, 이는 하루에 DVD 2억 1,276만 5,957장에 해당하는 데이터 양이다.[2] 도대체 엑사바이트가 뭘까? 이렇게 생각하면 된다. 5엑사바이트는 천지창조 이래 인간이 발설한 모든 말의 총합에 해당한다.[3] 2025년에는 15분마다 5엑사바이트의 데이터가 생성될 것으로 추정한다.

 이 모든 것이 우리 주머니 속에 있고 몇 번의 클릭만으로 등장한다니, 정말 요지경이다. 휴대폰은 이제 백과사전이다. 도서관이다. 대학이다. 우주다. 우리가 지닌 어떤 의문에도 답을 척척 내놓고, 알고 싶은 그림이나 영상이 있으면 결과를 보여 주며, 조사하고 싶은 내용에 대한 자료가 무수하다. 접근이 편리하기도 하지만, 온라인 세계 속에 범람하는 정보의 양은 압도적이다. 그리고 우리를 지혜롭게 만들지 못한다.

 지나치게 많은 음식이 우리 몸을 병들게 하듯, 지나치게 많은 정보는 우리 영혼을 병들게 한다. 정보 폭식은 구글 시대의 심각한 문제다. 여기저기서 증상이 발현되는 모습을 보면 무척 우려스럽다. 대표적인 증상 다섯 가지를 살펴보자.

첫 번째 증상: 불안과 스트레스

뭐든지 과하면 건강에 해가 되기 마련이다. 우리가 먹는 음식이 그렇듯 정보도 마찬가지다. 날마다 사방에서 정보가 폭격하듯 쏟아진다. 끊임없이 스크롤하고 보고 듣고 읽고 메시지를 보내고 아침부터 밤까지 멀티태스킹이다. 뇌에는 스트레스가 생기고 불안 수치가 오를 수밖에 없다. 우리 뇌는 놀라우리만큼 적응력이 빠르고 회복력도 갖추고 있지만, 엄연히 한계도 존재한다.

광란에 가까운 오늘날의 풍경은 우리 뇌를 전례 없는 분주함으로 몰아가고 있다. 우리 뇌는 과부하가 걸려 있음에도 정보 선별 기능을 쉴 새 없이 수행한다. 멈출 줄 모르는 멀티태스킹 탓에 진이 빠질 지경이다. 맛집 어플에서 저녁식사를 예약하면서도 업무와 관련된 이메일을 보내야 하고 친구가 페이스북에 공유한 5분 남짓의 '꼭 봐야 할must-see' 영상도 봐야 한다. 그 와중에 짬을 내어 엄마에게 답장도 해야 한다. 신경과학자 대니얼 레비틴Daniel Levitin은 이런 극도의 멀티태스킹이 우리 뇌를 과도하게 자극하고 뇌에 스트레스를 준다는 점에 주목한다.

> 한 활동에서 다른 활동으로 주의를 전환하라고 뇌에 요청할 때 전두엽 피질과 선조체는 산화된 포도당, 곧 기존 활동을 지속하는 데 사용하는 것과 동일한 연료를 연소하게 된다. 그리고 멀티태스킹을 하며 급작하고 지속적인 전환을 경험할 때 우리 뇌는 연료를 급격히 소모하게 되며, 이로 인해 아주 짧은 시간 후에라도 피로감을 느끼고 방향 감각을 상실하기 쉽다. 말 그대로 우리는 두뇌의 영양분을 고갈시킨다. 이렇게 되면 인지 및 신체적인 수행 능력은 위험에 노출된다. 무엇보다 반복되는 작업 전환은 불안을 유발해 스트레스 호르몬인 코르티솔 수치를 높이기 쉬우며, 이는 공격적이고 충동적인 행동으로 이어질 수 있다.4)

정보의 과잉이 스트레스와 불안을 일으키는 또 다른 상황이 있다. 불필요하며 때론 성가시게 만드는 과도한 양의 지식으로 우리 스스로를 괴롭힐 때가 그것이다. 몸이 아프면 다들 의학 정보 사이트를 검색해 답을 찾곤 하지만, 걱정거리만 발견하는 경우가 더 많다. 페이스북과 인스타그램은 우리 각자 겪고 있는 고단함과 가족 문제에는 전혀 마음 쓸 필요가 없다는 듯 속이면서 수백 명의 타인이 토해 내는 호소와 폭언과 감정의 소용돌이 속으로 우리를 끌어들인다. 실종 아동, 토네

이도, 유행성 전염병, 학교 총기 난사 사건, 우리 동네에서 일어난 의심스러운 사건 등에 대한 뉴스 알림이 쉴 새 없이 폰을 울리고 범죄 기사의 끔찍한 문구들이 우리의 의식 속에 켜켜이 쌓여 간다. 이 세상이 우리를 죽일 수 있는 여러 경우의 수에 대한 불안감이 우리 뇌를 잠식한다. 스마트워치나 다이어트 앱을 비롯한 여러 건강 관련 도구들이 우리 몸에 관한 정보를 제공해 주고 있어 어느 정도 도움을 얻을 수 있지만, 불안은 점차 강박으로까지 이어질지 모른다.

이런 정보가 언제나 나쁘거나 무용하다는 뜻은 아니다. 다만 수시로 쉽게 접근할 수 있는 정보량이 워낙 많다 보니 이 정보들이 쌓여 발생하는 누적 효과가 우려스럽다는 것이다. 그 무게는 우리의 생각과 영혼이 더 이상 감당하기 어려운 정도다.

두 번째 증상: 방향 상실과 파편화

단절되고 무분별한 정보들이 하루가 멀다 하고 전방위에서 우리를 향해 쏟아진다. 이런 현상은 소셜 미디어에서 두드러진다. 소셜 미디어에서는 논리적 오류를 따지지도, 통합적인 접근을 하지도 않는다. 지금 페이스북, 트위터, 인스타그램을 확인해 보면 이런 광경을 쉽게 볼 수 있다. 영화 예고편 영상 옆에 낙태에 관한 기사가 떠 있고 자신의 팟캐스트를 홍보하려는 사람이 내 친구의 텍사스 여행 사진에 뜬금없이 '좋아요'를 누른다.

자연스레 우리 머리는 어리둥절해지고 시간이 흐를수록 마음마저 만신창이가 되어 멍한 상태가 된다. 부고 소식 곁에 임신과 출산 소식이 등장하고, 도움을 호소하거나 애통하는 소식 곁에 '잘 나가는 내 인생'을 뽐내려는 휴가 사진이 나온다. 스포츠 경기 결과와 나란히 아우구스티누스의 명언이 나온다. 예배 음악이 흐르는데 뱀을 추적하는 이구아나 영상이 나온다. 존 파이퍼John Piper의 설교를 사이에 두고 모바일 게임 포트나이트Fortnite와 언어 학습 프로그램 듀오링고Duolingo 광고가 나온다. 록밴드 아케이드 파이어Arcade Fire의 노랫말처럼, "지금, 모든 것!"의 세상이 눈앞에 펼쳐져 있다(캐나다 록밴드 아케이드 파이어의 5집 수록곡 'Everything Now'는 물질 문명과 소비 사회의 공허함을 주제로 한 노래다—옮긴이).

구분하기 어려운 정보의 행렬은 인지적 혼란을 일으킬 뿐 아니라 사소한 것과 중요한 것을 가려내는 분별력을 약화시킨다. 시간이 흐를수록 우리는 정보를 평가할 때 정보에 내포된 복잡한 실재보다는 화려한 겉모습에 현혹된다. '인포메이션information'이 '인포테인먼트infotainment'로 전락한 것이다. 우리의 뉴스 피드는 디지털 시대의 놀이공원이자 오락실이요, 각종 쇼가 펼쳐지는 버라이어티 무대다.

미디어 비평가 닐 포스트먼Neil Postman은 1980년대부터 이런 시대의 조짐을 발견했다. 그가 볼 때 당시 텔레비전 뉴스는 이미 버라이어티 쇼가 되었고, 시청자의 채널 고정을 위해 아무런 연결성 없는 흥밋거리를 나열했다.

"자, 다음 소식은 … "이라는 말은 라디오나 텔레비전 뉴스 진행자가 방금 전에 보거나 들은 내용이 잇달아 접할 내용과 전혀 무관함을 알려 주기 위해 사용한다. 물론 전에 듣거나 본 적이 있음직한 내용에 대해서도 마찬가지다. 그렇기에 이 말은, 초고속 전자매체로 그려진 세상은 질서도 없고 의미도 없기에 심각하게 받아들일 필요가 없다는 사실을 깨닫는 단초이기도 하다. 뉴스 진행자가 "자, 다음 소식은" 하고 말하는 순간 우리 뇌리에서 지워지지 않을 정도로 끔찍한 살인 사건도, 파괴적인 지진도, 엄청난 정치적 실패도, 아슬아슬한 경기 결과도, 험악한 일기예보도 사라진다.[5]

감각을 마비시키고 둔감하게 하는 효과 외에도 우리의 피드가 연신 울려대는 잡음은 우리 삶을 조각낸다. 가족과 함께 하는 시간은 어느새 뒷전이고 이메일, 문자, 복서, 왓츠앱, 페이스북 메신저를 비롯한 각종 커뮤니케이션 플랫폼에서 날아오는 무수한 알림에 온 신경을 빼앗긴 채 살아간다. 우리가 살고 있는 공간은 어느새 뒷전이고 지구촌의 위기 지역과 공간 없는 트위터의 최신 핫 이슈 속에 살아간다. 우리의 피드는 온 세상과 그 속의 모든 혼돈을 우리 사고 속으로 가져다주어 우리의 주의력을 수백 가지 길로 쪼개 버린다.

  우리는 이렇게 지음 받지 않았다. 반세기 전, 프랑스 개신교 신학자 자크 엘륄Jacques Ellul은 『기술의 역사The Technical Society』에서 자신이 관찰한 내용을 이렇게 전했다.

> 인류는 한 시간에 6킬로미터를 갈 수 있었지만, 지금은 천 킬로미터를 갈 수 있다. 살아 있는 것들과 함께 살도록 지어졌지만, 지금은 돌로 만들어진 세계에서 산다. 어떤 본질적인 통일성을 가진 존재로 지어졌지만, 지금은 현대 세계의 강력한 힘에 의해 조각난 채 살아간다.[6]

  아이러니하게도, 정보화 시대와 지구촌 시대는 우리 지평을 넓혀 건강하고 통합적이며 지적인 세계 시민을 만들 것이라고 약속하지만 실상은 정반대였다. 이 세계의 공간적 한계가 극복되면서 초연결성hyper-connection과 인식 과잉over-awareness 양상이 우리를 파편화하고 '장소'로부터 단절시켰다. 우리가 알고 알려지고 변화를 일으킬 수 있던 지역적 맥락은 이제 무용해졌다. 이런 현상을 보며 엘륄은 다음과 같이 말한다. "우리 시대를 관통하는 역설이 하나 있다. '인류Man'가 '공간Space'을 이론적으로 정복했다는 사실은 결국 '사람들

men'을 위한 '장소place'가 제한되었다는 현실과 일치한다."7)

세 번째 증상: 무기력

'장소'와의 연결성은 줄어들고 공간에 광범위하게 노출되다 보니, 자극은 강하게 받으나 활동성은 위축된 느낌이다. 인터넷상의 온갖 분노에 덩달아 화를 내보지만 우리가 나서서 할 수 있는 일이 없다. 컨베이어 벨트를 탄 듯 콘텐츠는 우리 레이더망에 끝없이 쏟아진다. 한 세기 전 사람들이 일 년 동안 마주쳤을 법한 내용을 하루 안에 만난다. 금시초문인 장소와 이슈에 대해서도 알게 되는 것이다.8)

닐 포스트먼은 전 세계의 정보와 뉴스에 대한 접근권이 "우리에게 이야기 소재를 안겨 주지만 의미 있는 행동으로 이어질 수 없는" 이유에 관해 이야기한다. 그는 이것이 전신telegraph의 유산이라고 말하면서 이런 말을 덧붙였다. "삶과 무관한 정보가 도처에 흘러넘쳐 정보 대비 행동의 비율이 극적으로 낮아져 버렸다."

포스트먼이 관찰했듯 역사 속에서 정보의 핵심 가치는 행동을 촉발할 수 있는 잠재력의 크기에 달려 있었다. 그러나 전신 시스템과 뒤이은 기술 발달 때문에 정보와 행동 사이의 관계는 점점 헐거워졌다. "사람들은 인류 역사상 최초로 정보 과잉이란 문제에 직면하게 되었다. 이는 사회 및 정치적 권위가 약화되는 문제에 직면했다는 의미이기도 하다."9)

소셜 미디어는 이런 풍조를 집약해 보여 준다. 뉴스 피드에 넘쳐 나는 뉴스들은 대개 우리 삶의 맥락과 동떨어져 있을 뿐 아니라 행동으로 이어지기 어려운 경우가 허다하다. 베네수엘라의 정치적 소요, 뉴질랜드의 화산 폭발, 플로리다의 한 변기에서 발견된 뱀 등과 관련된 뉴스가 그렇다. 우리는 내 삶과 무관한 헤드라인이나 도통 알 수 없는 논쟁, 내 힘으로 도저히 풀 수 없는 문제에 넋이 나가 시간을 허비한다. 자연스레 소셜 미디어 공간에 투영된 '머나먼' 드라마에 휩쓸리다가 우리가 발 딛고 있는 현장의 생생한 실재를 경시하게 된다. 보다 의미 있게 다룰 수 있는 지역의 현안, 피부에 와 닿는 논쟁, 시급한 과제는 어느새 뒷전으로 물러난다.

포스트먼이 말하기를 전신 시스템의 도래 이후 "이제는 세상 만사가 모든 사람들의 관심거리가 되었다. 역사상 처음으로 우리가 묻지 않은 질문에 답하고 아예 응답할 권리를 주지 않는 정보를 접하게 되었다."10) 물론 소셜 미디어는 답변 혹은 댓글을 허용하지만, 무엇을 위한 것일까? 댓글을 다는 것이 의미 있는 행동이라고 느낄 수 있으며, 실제로 그럴 수도 있다. 하지만 사실 우리는 소음만 더하고 있을 때가 많다. 불필요하게 분노하고, 이미 과부하되어 핍진하게 된 두뇌에 자신과 관계없는 정보를 욱여넣고 있는 것이다.

우리는 알고 싶어 한 적 없는 불만과 사소한 문제에 자신도 모르게 휘말리고 만다. 오늘날 정보 환경은 나와 무관한 문제를 중요하게 취급한다고 포스트먼은 말한다. 그러다 보니 세상의 끔찍함은 과도하게 부풀려지고 우리가 이에 맞설 수 없다는 무력감은 더욱 커진다.

네 번째 증상: 결정과 헌신의 마비

정보 폭식의 또 다른 징후는 선택 과잉으로 심신이 약화되는 것이다. 디지털 세상에서 모든 것을 당신 맘대로 할 수 있을 때 당신은 어떤 선택을 내리는가? 당신도 '넷플릭스 마비 Netflix Paralysis' 현상을 경험해 봤을 것이다. 이는 뭘 볼지 이리저리 검색하다가 선택 사항은 너무 많은데 외부의 안내는 없어 얼어붙는 순간을 말한다. 이럴 때는 괜스레 시간만 허투루 쓸까 마음을 졸이고, '최고의 선택'을 내려야 한다는 압박감을 느낀다.[11]

모든 것이 우리의 선호도와 취향에 달려 있다 보니 우리는 자연스레 포모FOMO('fear of missing out'의 약자로서 남들이 누리는 기회를 놓칠지 모른다는 불안감) 스트레스에 시달린다. 우리의 선택이 잘못된 게 아닐까? 친구들이 소셜 미디어에서 호들갑을 떨던 열다섯 개 쇼 중에서 뭘 봐야 할까? 이런 질문들은 심신을 지치게 만들고 불안감을 조장한다. 이 불안감은 앨빈 토플러가 1970년 작 『미래의 충격Future Shock』에서 처음으로 표현한 '과잉선택권overchoice'에서 온 것이다.12)

과잉선택권은 비디오 스트리밍 세계에서 우스갯소리가 아니다. 유튜브, 페이스북, 훌루Hulu, HBO, 디즈니 플러스, 넷플릭스, 아마존 프라임 등 각종 플랫폼에서 매월 쏟아지는 컨텐츠 양은 혀를 내두를 정도다. 끝 모르고 쏟아지는 이 압도적인 물량 공세 앞에서 선택하기를 주저할 때, '회원님을 위한 추천' 알고리즘이 능숙한 솜씨로 이 일을 대신하면서 각자에게 맞는 '꼭 봐야 할 영상!' 목록을 제공해 우리를 플랫폼에 계속 잡아 둔다. 이 무수한 선택지를 적극적으로 살피는 일도 스트레스인지라 우리는 더욱 수동적으로 변하고, 토니 레인키Tony Reinke가 "스펙터클에 대한 항거"라 부른 능력을 잃고 만다. "우리의 나태한 눈과 멍한 시선은 스펙터클 제작자들의 손쉬운 먹잇감이다. 우리가 새로운 스펙터클을 찾는 것이 아니라, 오히려 새로운 스펙터클이 우리를 찾아내고 있다."13)

과잉선택권이 비단 디지털 정보 영역에서만 문제가 되는 것은 아니다. 선택지가 많은 영역에서 우리는 어디에든 헌신하는 데 어려움을 겪는다. 교회와 관련해서도 이러한 현상을 자주 목격할 수 있다. 가령 교회란 곳도 취향이나 선호도, 정치적 성향이나 나름의 미적 취향에 따른 선택이 되었다(물론 교회를 가지 않는 것도 선택 사항 중 하나다). 그리스도를 따르는 사람들도 한 브랜드에 꽂힌 양 한 교회에 집착하는 소비자의 입장에 선다. 취향이 바뀌면 헌신할 곳도 바뀌는 모양새다. 넷플릭스에서 시리즈물 초반 에피소드 두 편이나 영화 도입부 20분만 보다가 금세 따분함을 느끼고 다른 볼거리를 찾는 것처럼 우리는 교회와 영성도 필요나 기분에 따라 바꿀 수 있는 유동적인 것으로 속단한다.

철학자 찰스 테일러Charles Taylor는 이러한 정신적 선택의 과잉을 가리켜 '노바 효과the nova effect'라고 불렀다. 노바 효과는 "도덕적/정신적 선택지의 다양성이 끝없이 확산된 것"을 뜻하며,14) 그의 기념비적 저서 『세속 시대 *A Secular Age*』에서 세속성을 설명할 때 중요한 부분을 차지한다. 앨런 노블 Alan Noble은 테일러를 언급하면서 자신이 관찰한 바를 이렇게 밝힌다. "결정 과부하는 디지털 멀티태스킹 못지않게 우리의 정신에도 문제를 일으킨다. … 산만하고 세속적인 시대가 우리에게 일으키는 문제는, 점점 확장하는 믿음의 선택지에 우리가 인지적으로 압도당한다는 사실이다."15)

진리의 원천이나 그곳에 이르는 길, 혹은 잘 사는 법에 관한 이러저러한 설說이 너무 많아서 우리는 아무 길도 택하지 못하거나 몇 달이 멀다고 길을 바꾸기도 한다. 아니면 오직 내게만 딱 들어맞는 영적 방침을 세운다면서 연관성 없는 온갖 원천으로부터 신학, 철학, 도덕, 윤리, 미학 등의 잡동사니를 긁어모을 게 뻔하다. 우리는 그러고도 남는다.

다섯 번째 증상: 확증 편향

온라인 공간에 한계가 없다 보니 각종 음모론, 온갖 기발한 틈새시장, 모든 광신적인 집단이 번창할 기회를 얻는다. 당신이 무엇을 믿든, 무엇을 믿고 싶든 온라인 세상에는 이를 지지해 줄 정보가 기다리고 있다. 여기서 굳이 다크웹dark web(일반적인 검색 엔진으로는 찾을 수 없고 특수한 웹브라우저를 사용해야만 접근할 수 있는 온라인 세계를 통칭하는 말이다. 주로 각종 온라인 범죄의 온상이 되고 있다-옮긴이), 곧 선동가나 테러리스트들이 자신의 극단적 신념을 부추기는 곳을 거론하려는 것이 아니다. 더 중요한 문제는 다들 인지적인 저항이 가장 덜 일어나는 경로에만 노출되어 있다는 점이다. 우리는 어느새 자신의 기존 신념을 거스르지 않는 정보, 기존 패러다임을 흔들지 않는 정보를 선택한다.

이게 굳이 욕먹을 일일까? 우리는 해외여행을 가도 그 지역 동네 카페보다 스타벅스에서 커피를 마시지 않는가? 어수선한 미지의 사물이 에워싼 장소에서는 친숙한 물품들이 안도감을 준다. 매리언 울프는 이렇게 말한다.

> 우리가 직면해야 할 현실이 있다. 선택지가 과도하게 많아지면 우리는 고민이 거의 필요 없는 정보에 의존하게 되어 있다는 점이다. 점점 더 많은 사람이 이미 선택한 출처의

정보에 기반해 뭔가를 안다고 생각할 것이다. 왜냐하면 그것이 우리가 지금까지 생각한 내용이나 방식과 일치하기 때문이다.16)

과잉선택권의 세상에서 이런 성향이 위험천만한 대응기제로 발전하는 것은 어찌 보면 당연한 일이다. 우리는 무질서한 정보를 자신만의 방식으로 분류하기 위해 마음 편안한 소리로 가득 찬 피드는 찾아보는 한편, 우리 피를 끓게 만드는 목소리는 배격한다. 후자를 감당할 시간이나 정신적 여유가 있는 사람이 있을까? 그냥 '언팔'하면 그만이다.

소셜 미디어 기업은 21세기 사람들이 과잉 정보를 가려내느라 벌이는 고투를 인식하고 플랫폼 분위기를 쾌적하고 무해한 방향으로 조성하려 했다. 그러면서 개인화된 알고리즘을 사용했는데 이는 '확증 편향' 문제를 악화시켰다. 그 결과 사용자 개개인에 특화된 정보 피드가 등장하면서 그 누구도 다른 사람과 동일한 정보를 볼 수 없는 세상이 탄생한 셈이다. 우리 모두는 알고리즘을 동력으로 하는 판타지와 확증 편향의 섬에 살고 있다. 종족 중심주의tribalism가 부상하는 것은 불 보듯 뻔하다. 모든 사람이 서로 딴 소리를 한다 해도 이상하지 않다.

『지금 당장 당신의 SNS 계정을 삭제해야 할 10가지 이유 Ten Argument for Deleting Your Social Media Accounts Right

Now』의 저자이자 컴퓨터 과학자 재런 러니어Jaron Lanier는 이 알고리즘을 동력으로 하는 파편화 현상을 가리켜 "유례없는 발전"이라 부르면서, 이 현상이 서로 이해하고 공감하는 것을 어렵게 만든다고 주장한다.

당신이 보고 있는 버전의 세계는 당신을 이해하지 못하는 사람에게는 보이지 않는 세계이며, 그 반대도 마찬가지다. … 그 어느 때보다 우리는 타인이 보는 것을 보지 못하며 서로를 이해할 기회마저 점점 잃고 있다.17)

악마의 기쁨

분노 어린 종족 중심주의, 사소한 데 대한 집착, 무언가를 죽을 만큼 즐기는 것 등을 악마가 기뻐하는 모습을 상상하기란 어렵지 않다. 사람이 정보 과잉으로 인해 스트레스를 받고 무감각해지고 방향을 잃으며 산만해지고 무력해질 때 무질서가 군림할 것이다. 무질서가 군림하는 곳에 죄가 번성할 것이다.

흥미롭게도 창세기 3장에서 인간이 타락한 것은 '지식'에 대한 유혹 때문이었다. 선악을 알게 하는 나무의 열매를 먹고 싶어 한 것이다. 우리 시대도 마찬가지다. 무한한 지식을 얻어 신과 같이 되리라는 유혹은 변함없이 마수를 뻗치고 있다. 나는 이따금씩 아이폰에 박힌 로고를 바라보며 생각에 잠긴다. 만약 신과 같은 지식이 있다면, 이 기기야말로 그 지식에 가장 근접한 것이 아닐까. 뒷면에는 한 입 베어 먹은 사과까지 떡하니 박혀 있다. 아담과 하와의 원죄에 대한 끄덕임인가? 무한한 지식을 향한 끝 모를 욕망을 예찬하는 송가인가?18) 에덴동산의 아담과 하와에게나 오늘날 우리에게나 마찬가지인 사실이 있다. 모든 것을 알고자 하는 욕망은 큰 슬픔으로 이어질 뿐이다.

토의를 위한 질문

1) 이번 장에서 논의한 정보 과부하 증상 중에서 유독 당신에게 자주 나타나는 증상은 무엇인가?

2) 많은 정보에 접근하는 것이 부담스럽거나 득보다 실이 많다고 느껴지는 영역이 있는가?

3) 정보가 행동으로 이어지는 것이 중요한 이유는 무엇일까? 당신 삶에서 정보와 행동 사이에 연결고리가 있는 영역과 없는 영역이 무엇인지 이야기해 보라.

새로움에 대한 강박

우리가 먹는 즐거움만 따로 부풀려 탐식을 만들어 낸 것처럼,
변화가 주는 자연스러운 즐거움만 따로 뒤틀어
완벽하게 새것만 원하는 욕구로 바꾸고 있다.
C. S. 루이스, 『스크루테이프의 편지』 중에서

지난주에 보도된 사건 가운데 기억나는 뉴스 다섯 가지를 말해 보라. 어제 메시지를 보낸 네 사람의 이름은? 오늘 TV나 스트리밍 사이트에서 본 영상 세 가지는? 당신이 나와 같다면, 지난주에 접한 정보나 프로그램, 혹은 인포테인먼트가 까마득할 것이다. 압도적인 양의 콘텐츠가 압도적인 속도로 우리 뇌로 밀려들어 오고 있기 때문이다.

인터넷 속도는 해마다 빨라지고 있다. 2018년 미국의 브로드밴드 다운로드 속도는 2017년보다 35.8퍼센트나 증가했다.[1] 이런 추세는 세계적이다. 전 세계의 모바일 다운로드 평균 속도 역시 2017년보다 15.2퍼센트 증가했다.[2] 속도야말로 주목 경제 attention economy(타인의 주목을 경제 발전의 새로운 동력으로 보는 경제관을 말한다-옮긴이)의 핵심이기에 콘텐츠 제공자들은 찰나의 허비도 없이 소비자들을 제 플랫폼에 잡아 두려 한다. 정보 흐름의 전례 없는 속도는 디지털 산업 분야에서는 호재이지만, 인간의 지혜에는 악재나 다름없다.

음식을 '너무 많이' 먹건 '너무 빨리' 먹건 탈이 나는 건 마찬가지다. 허겁지겁 먹으면 급한 허기를 달래고 에너지원을 곧바로 얻을 수는 있겠지만 몸에 좋을 리 없다. 우리가 정보를 너무 급하게 먹을 때도 같은 문제가 일어난다. 겉으로 보기에는 우리가 시간 활용을 극대화하고 우리 자신을 최적화함으로써 놀라운 속도와 효율로 정보를 소비하는 듯하지만, 실상은 지혜에 대한 수용력을 갉아먹고 있다.

예나 지금이나 변함없는 것은 질색이다

인간은 좀처럼 가만히 있지 못하는 피조물이었다. 인터넷과 다른 여러 기술이 이런 성향을 악화시킨 것이 사실이지만 원흉으로 지목할 수는 없다. 에덴동산에서 아담과 하와는 안달난 손가락을 제어하지 못했고, 그 이후로도 인류는 만족하기 어려워했다. '지금보다 더 많이 가지고 싶다. 지금 당장 가지고 싶다!'

악마는 인간의 이런 성향을 흡족해하며 먹잇감으로 삼는다. C. S. 루이스는 『스크루테이프의 편지The Screwtape Letters』에서 "예나 지금이나 변함없는 것"에 질색하는 습성 때문에 우리가 얼마나 연약해질 수 있는지 절묘하게 포착한다. 노련한 악마 스크루테이프는 견습생 악마이자 조카인 웜우드에게 조언한다. '새것novelty'이라고 하면 혹하는 인간의 욕망을 노리라고 말이다! "이 욕망은 여러모로 유익하다. 무엇보다 욕망은 증대시키면서 쾌락은 감소시킬 수 있지. 새것이 주는 쾌락은 본질상 그 어떤 것보다 한계효용체감의 법칙에 지배받을 수밖에 없단다."3)

새것에 대한 강박증은 악마들에게 최고의 작업 환경이다. 우리는 하루에 200회 이상 스마트폰을 확인하는데, 이곳저곳을 스크롤하다 발견한 '신상'으로 생활의 여백을 빼곡히 채운다. 마트에서 줄을 설 때나 차에서 신호를 기다릴 때, 저녁

식탁이나 화장실에서도 우리는 스마트폰 삼매경에 빠져 있다. 심지어 아침에 눈뜨고 처음 보는 것도, 자기 전에 마지막으로 보는 것도 폰이다.

우리 손가락은 생활 속 잠깐의 틈도 참지 못하고 결국 휴대폰으로 향한다. 우리는 이 틈에 뭐라도 해야 시간 활용을 극대화한다고 생각한다. 최근 일어난 팟캐스트 열풍은 매 순간을 채우려는 모바일 강박증에서 비롯한다. 우리는 집을 청소하거나 출근할 때도 팟케스트 에피소드를 듣고, 조깅을 하면서도 오디오북을 챙겨 듣는다.

우리 이목을 끄는 콘텐츠가 워낙 많기에(그중엔 양질의 콘텐츠도 많다) "이것도 보고 저것도 읽어 보고 저것도 들어 보라"는 압력을 떨치기란 쉽지 않다. 그러나 이 모든 것이 우리 뇌에 미치는 영향은 어느 정도일까? 연구 결과는 암울하다.

우리의 뇌가 바뀌고 있다

니콜라스 카Nicholas Carr는 자신의 저서 『생각하지 않는 사람들 The Shallow』에서 인터넷을 "망각의 테크놀로지"라 부르면서, 신경 경로의 가소성 덕에 우리 뇌가 디지털 주의분산에 의해 어떻게 재배열되고 있는지 정확하게 묘사한다.

인터넷을 많이 하면 할수록 우리는 두뇌가 더욱 산만해지도록 훈련시키는 셈이다. 정보를 매우 빠르고 매우 효율적으로 처리하되 집중력은 지속되지 않는다. 이 사실은 왜 수많은 사람이 컴퓨터와 떨어져 있어도 집중하지 못하는지 설명해 준다. 우리 뇌는 망각에 능숙해지고 기억에 미숙해진다.[4]

우리가 기기와 스크린에서 어마어마한 양을 읽고 있다 해도(실제로 우리는 매일 소설 한 권 분량 수준의 글을 읽고 있다), 이 읽기는 반성적인 사유로 진전할 만큼의 연속성이나 지속성, 집중도와는 거리가 멀다. 매리언 울프는 말한다. "고요한 눈을 길러 줄 시간이나 자극이 없으니 읽기가 기억으로 결실을 맺을 리가 없다."[5]

우리는 넷플릭스에서 리얼리티 쇼 에피소드 하나를 보다가 음악 스트리밍 사이트에서 앨범을 검색하고 친구가 포스팅한 블로그 글을 '눈팅'한다. 스펙터클 사이를 쉴 새 없이 종횡하다 보니 눈앞에 둔 사안에 대한 성찰이 움틀 틈이 사라지고 적시에 필요한 지혜가 결국 싹 틔우지 못한다. 문제는 뇌에 대한 연구 결과가 보여 주고 있듯 이러한 현상이 장기적인 관점에서도 지혜에 불리하게 작용한다는 점이다. 과도한 자극에 노출된 우리 뇌는 예리한 지성이 절실한 역사적 시기에 도리어 약해지고 비판력을 상실하며 거짓에 잘 속게 되었다.

느린 성찰보다 빠른 대답

구글은 우리가 갖고 있는 질문이 무엇이든 빠르게 답해 준다. 물론 가능한 빨리 답을 찾는 것이 지혜는 아니다. 그보다 지혜는 의문과 난제와 함께 큰 그림을 향해 나아가는 여정이다. 빠르게 내놓는 구글의 답변은 효율적이긴 하지만 우리 영혼을 든든히 먹이고 참 맛을 돋우기에는 턱없이 부족하다. 마치 음식을 동력으로만 여긴 나머지, 천천히 요리하고 맛보는 기쁨을 내팽개치는 것과 같다.

정보에 쉽고 빠르게 접근하게 되면서 우리는 성급히 정보를 모으게 되었다. 이제 현대인의 독서 습관의 기본은 훑어보기다. 이런 세상을 보며 니콜라스 카가 남긴 말이 눈길을 끈다. "우리는 개인적인 지식을 경작하는 농부에서 전자 정보의 숲을 배회하는 수렵꾼이자 채집꾼으로 진화하고 있다. … '관련 정보'를 마구잡이로 채굴하는 풍조 탓에 신중하게 의미를 탐사하는 전통이 자취를 감춘다."[6]

이러한 변화는 뇌에도 심대한 영향을 끼친다. 우리 뇌는 써먹기 좋은 패스트푸드식 정보를 마구잡이로 채굴하는 데 보다 능숙해진 반면, 반성과 성찰을 통해 정보를 진득하게 곱씹는 능력을 상실하고 있다. 한 대상에서 다른 대상으로 순식간에 이동하지만, 두 대상이 어떻게 연결되는지 깨닫는 데는 실패한다. 전례 없는 속도로 정보를 수집할 수는 있지만, 정보에 함유된 영양분을 온전히 흡수하는 능력은 상실하고 있다.

현재에만 매몰된 인식

내가 '인식의 현재화perceptual presentism'라고 부르는 현상 역시 이 문제를 악화시키고 있다. 이는 여러 시대와 세대를 거쳐 축적된 지혜를 무시한 채 '지금 일어나는 일'이라는 파편을 통해서만 현실을 인식하는 세계관을 말한다. 당일의 핫이슈로 도배된 실시간 트윗이나 페이스북 포스팅이 우리네 관심사를 장악한다. 페친이 올린 게시물과 하루만 지나도 사라지는 스토리가 지각의 터를 차지하고 있다. 인스타그램은 그야말로 '인스턴트'그램이다. 적시성timeliness은 중독을 부르는 독소가 되며, 즉각성은 우상의 자리에 오른다.

하지만 이러한 접근 방식은 일종의 나르시시즘이며 위험천만하다. 우리를 역사의 지혜로부터 이탈시키고, 지혜를 생산할 수 없는 것을 좇거나 맹신하게 만들기 때문이다. C. S. 루이스는 이런 현상을 가리켜 "연대에 관한 속물적 태도"라고 칭하면서, "우리 시대에 통용되는 지적 풍토를 무비판적으로 수용하는 태도와 시대에 뒤떨어졌다는 것 자체가 불신의 근거가 된다는 가정"이라고 규정했다.[7] 가톨릭 철학자 아우구스토 델 노체Augusto Del Noce는 1970년에 쓴 글에서 이렇게 말한다. "오늘날 사람들은 과거와 미래로부터 단절된 이 순간의 흐름 속에서만 살아간다. … 완벽한 새로움을 산소로 삼는다."8)

2019년, 시사 잡지 「애틀랜틱The Atlantic」에는 우리를 경악하게 할 만한 기사가 실렸다. 조너선 하이트Jonathan Haidt와 토비아스 로즈-스톡웰Tobias Rose-Stockwell은 현재 이 순간의 사상과 갈등이 "과거의 오래된 사상과 교훈을 잠식하고 대체하고 있다"며 우려를 표했다. 두 저자는 정보화 시대의 한 역설적 단면을 다음과 같이 관찰했다. 젊은 세대는 기록되고 디지털화된 모든 정보에 유례 없는 접근권을 가진 채 자랐음에도 "과거 어떤 세대보다 인류가 축적해 온 지혜를 생경하게 느낀다. 손에 닿는 네트워크 안에서 선망을 얻게 해 줄 사상을 주워 담다 보니 완전히 잘못된 방향으로 나아가게 된 것이다."9)

그렇다고 오늘날의 기술 분야가 이 문제적인 현재주의를 낳은 것은 아니다. 다만 강화시켰을 뿐이다. 최신 유행에 혹하는 우리의 성향은 무시무시한 변화의 속도에 의해 맹렬히 가속 중이다. 현재에 집착하는 경향은 복음주의 신앙 공동체에 이미 자리 잡아 해를 끼치고 있다. 시대에 발맞춰야 한다는 '상관성'에 대한 강박, 기술에 대한 무비판적 수용, 역사와의 절연 탓에 교회들은 세월에 걸쳐 검증된 견고한 지혜가 아니라 이 시대의 덧없는 정신에 무방비로 노출되고 있다.

현재주의가 해로운 것은 과거의 유산을 거부하기 때문만이 아니다. 미래로 나아가는 데 필요한 절제력이 없다는 점 또한 문제다. 새로움에 끌리는 태도는 본질적으로 불안정하다. '새로움'은 순식간에 '옛것'이자 '구닥다리'로 퇴화하기 때문이다. 현재주의에 매몰된 세계는 최신 유행과 사상을 급속히 연소시킨다. 이곳에서는 투지, 인내심, 꾸준한 헌신처럼 복잡한 문제를 푸는 데 필수적인 자질이 더 이상 자라지 못한다. 현재주의는 우리를 몇 달 동안 어떤 이슈에 '올인'하게 만들지만, 새로운 이슈가 우리의 이목을 사로잡으면 그렇게 들끓던 관심도 금세 식고 만다. 현재주의는 우리를 변덕스러운 소비자, 즉 슬랙티비스트slacktivist('게으른 사람slacker'과 '사회운동activism'의 합성어인 슬랙티비즘slacktivism에서 나온 말로서, 온라인상에서는 열심히 논쟁에 뛰어들고 사회 참여에 나서는 듯하지만 실제로 사회에 아무런 영향을 끼치지 못하는 사람을 뜻한다-옮긴이)로 만들어 버린다. 새로운 다이어트 방법이나 인기 있는 넷플릭스 프로그램에 호들갑을 떨고 불의한 일에 대한 해시태그 캠페인에도 적극 나서지만, 얼마 못가 시드는 열정은 그저 서비스를 제공하는 플랫폼의 뱃속만 든든히 채워 줄 뿐 아무 변화도 이끌지 못한다.

주목 산업

새로운 것에 대한 강박이야말로 소비주의의 동력이다. 새로운 것(옷, 자동차, 디지털 장비, 고급 커피 등)을 끊임없이 갈구하는 우리네 욕망은 수많은 산업 분야의 생명줄이다. 우리는 새로운 스펙터클이나 참신한 논쟁거리에 끊임없이 집착했고, 이 욕망을 틈타 실리콘밸리의 CEO들은 억만장자가 되었다. 토니 레인키는 온라인에서 입소문난 영상, 논쟁적 트윗, 밈, "관심을 사려는 낚시질" 등 "새롭고 기이하고 아름답고 재미있고 신기하고 귀여운 것"에 대한 우리 식욕을 채워 주는 것을 가리켜 "마이크로 스펙터클"이라 칭한다.10) 우리가 이에 끊임없이 빠져 있게 만드는 것이야말로 첨단기술 분야의 거두들에게 최고의 관심사. 미디어는 클릭 낚시질에 중독성이 있음을 알면서도(심지어 우리 역시 자신에게 해롭다는 것을 알고 있다) 우리가 낚이기를 바란다. 미디어는 우리 뇌가 저항하지 못하도록 자극을 포장하는 데 도가 텄다. 매튜 크로포드 Matthew Crawford의 주장에 따르면 이는 마치 "식품 공학자가 당, 지방, 염분의 농도를 조절해 '초감미hyperpalatable' 식품을 만드는 일에 전문가인 것과 같다." 이어지는 주의 산만은 그런 점에서 "정신적 비만인 셈이다."11)

페이스북 공동창업자인 션 파커Sean Parker는 2017년 인터뷰에서 페이스북 이면에 흐르는 생각을 털어놓았다. "사람들의 시간과 의식과 관심을 최대한 잠식하려면 어떻게 해야 할까요? 누군가 당신의 사진이나 게시물에 '좋아요'를 누르거나 댓글을 다는 순간 일종의 도파민이 분출되게 하는 겁니다."12)
이래서 시간이 멀다 하고 쏟아지는 알림이 먹히는 것이다. 알림과 함께 우리의 도파민도 치솟는데, 이는 도박 중독자를 슬롯머신 앞에 잡아 두는 현상과 다르지 않다. 무의식적으로 알림을 클릭하는 순간 '휙' 하며 우리는 영문도 모른 채 플랫폼 속으로 들어간다. 우리의 관심은 또 다른 '마이크로 스펙터클'을 향해 끌려간다. 이 점에 대해 카는 이렇게 말한다. "우리가 클릭을 많이 하면 할수록 구글은 경제적 이득을 얻는다. 이 기업이 여유를 갖고 천천히 읽은 뒤 사색해 보라고 권할 리가 없다. 구글은 말 그대로 주의분산 비즈니스의 화신이다."13)

물론 구글과 페이스북 이외에도 우리의 주의력을 돈벌이로 전환하려는 곳은 허다하게 넘친다. 콘텐츠 생산자들은 다 마찬가지다. 사람들이 무언가에 주목하는 시간이 워낙 짧다 보니 눈길을 사로잡으려는 경쟁이 극심해지는 건 당연하다. 때문에 모든 미디어 출판 종사자들은 클릭을 얻기 위해 온갖 수단에 호소할 수밖에 없다. 이는 저널리즘이 호황을 누려 온 이유이기도 하다. 오늘날과 같은 마이크로 스펙터클의 세계에서 주목 게임의 승리는 즉흥적인 논평, 자극적인 헤드라인, 성급하게 기사화된 이야기, 뉴스 가치가 없는 속보에게 돌아가곤 한다. 케이블 뉴스 채널은 실제 보도해야 할 뉴스의 양보다 방송 시간이 훨씬 남아돈다. 그래서 뉴스에 대한 논평, 당파적 논쟁, 성추문, 유명인의 이혼, 잡다한 흥미성 정보들로 방송 시간을 꽉꽉 채워 시청자의 눈길을 화면에 잡아 두려 한다. 적어도 새로운 '속보'나 '꼭 봐야 할' 화제의 영상으로 시청자의 관심을 끌 때까지 말이다.

가짜 뉴스에 대한 취약함

　뉴스의 순환 속도가 빨라진 반면 느리고 신중한 사유 능력은 줄어들면서 생긴 또 다른 문제가 있다. 우리가 가짜 뉴스에 속는 일도, 가짜 뉴스 확산에 연루되는 일도 늘고 있다는 점이다. 기자들이 앞다퉈 속보 경쟁에 뛰어들듯, 우리도 조금의 주저함 없이 최신 헤드라인에 대해 의견을 내거나 분노를 표출한다. 어느 쪽이든 신속함이 정확성과 신중성을 압도한다.

　가짜 뉴스 해시태그 운동이 부상한 것은 단순히 가짜 뉴스를 퍼뜨려 미국 대선에 개입했다는 러시안봇 때문만은 아니다. 권위 있는 언론사들마저 가짜 뉴스에 골머리를 앓고 있다. 주시 스몰렛Jussie Smollett의 경우를 보라. 미국 폭스사의 드라마 <엠파이어Empire>에 출연 중이던 이 배우는 흑인이자 동성애자인데, 2019년 1월 어느 날 백인 남자 두 명이 인종차별주의와 동성애혐오 발언을 외치며 자신의 목에 밧줄을 묶고 공격했다면서 이를 시카고 경찰서에 신고했다. 거의 모든 주요 뉴스 매체들이 스몰렛 이야기를 각별히 다루었는데, 이 사건은 트럼프 정부 하에서 급증하는 파렴치한 증오범죄를 드러내기 좋은 사례였다. 미국의 뉴스 웹사이트 '더 데일리 비스트The Daily Beast'의 한 기자는 트럼프 지지야말로 "무기화된 극심한 편견에 대포를 달아 주는 것"임이 이 사건을 통해 여실히 드러냈다고 일갈했다(당시 스몰렛은 두 남자가 트럼프 대통령을 지지하는 구호를 외치며 자신을 공격했다고 진술했다—옮긴이).14) 얼마 지나지 않아 이 피습 사건은 스몰렛이 자신의 인기를 위해 꾸민 자작극임이 드러났다. 뉴스 보도의 신속성과 분노를 주고받는 소셜 미디어의 신속성 덕분에 이 사태는 걷잡을 수 없이 번져 갔다. 이는 스몰렛이 원하던 바였다. 그렇게 모두가 낚인 것이다.

  좋은 보도는 시간의 숙성을 거친다. 정보의 출처를 확인해야 한다. 앞뒤 맥락을 분리한 채 인용한 말이나 사진, 영상이 없는지 보다 큰 그림으로 보아야 한다. 하지만 '하늘은 재빠른 자의 편이다'를 모토로 삼는 오늘날 저널리즘은 이 본질적인 단계를 건너뛰기 일쑤다. 게다가 우리와 같은 소비자도 이러한 보도를 즉각 공유한다. 소셜 미디어에서 우리는 자기도 모르게 '선공유 후생각'이라는 자세를 취한다(물론 조금이라도 생각을 한다면 말이다). 이는 재앙에 가깝다. 단지 우리가 속이기 쉬운 사람이 되기 때문만이 아니다. 나아가 신뢰를 갉아먹고 타인에게 큰 해를 끼치기 때문이다.

현 세계가 부추기는 유혹은 모든 생각을 공개하라는 것이다. 그런데 이것이 지혜로운 방식일까? 내가 아는 가장 현명한 사람들은 자신의 견해를 공개적으로 나누는 데 신중하다. 그들은 첫인상과 '즉각적 반응'의 불완전성을 알고 있다. 최근 케빈 드영Kevin DeYoung이 말했듯 "말다툼을 일삼는 자"의 두드러진 특징은 갖고 있는 모든 의견을 명확히 밝힌다는 점이다. 드영은 이런 질문을 던진다. "사람들이 당신의 생각을 하나하나 다 알아야 하는가?" 그리고 이렇게 답한다. "알 필요가 없다. 그게 바로 일기장이나 기도실이나 강아지가 있는 이유다."15)

이 시대에 우리에게 필요한 가장 소중한 성경적 지혜는 무엇보다 혀를 다스리는 데 있다. 우리는 온라인에서 견해를 밝히기 전에 잠언의 일침을 곱씹어 봐야 한다.

- 입을 지키는 자는 자기의 생명을 보전하나 입술을 크게 벌리는 자에게는 멸망이 오느니라(잠 13:3).
- 노하기를 더디 하는 자는 크게 명철하여도 마음이 조급한 자는 어리석음을 나타내느니라(잠 14:29).
- 입과 혀를 지키는 자는 자기의 영혼을 환난에서 보전하느니라(잠 21:23).

야고보서 1:19도 한목소리를 낸다. "너희가 알지니 듣기는 속히 하고 말하기는 더디 하며 성내기도 더디 하라." 이 말씀에 귀를 기울인다면, 현 시대가 앓고 있는 온갖 병폐는 고개조차 들지 못할 것이다(소셜 미디어도 문을 닫게 될 것이다). 문제는 오늘날 미디어 경제가 "말하기를 속히 하라" 정신에 입각한 폭언, 사이버 공격, 거침없는 퍼나르기 등을 동력으로 삼는다는 사실이다. 알다시피 이런 행태가 뒤엉켜 트래픽을 급증시키고 주된 화젯거리를 생산한다. 지혜를 추구하는 그리스도인이 여기에 맞서야 하지만, 이 체제 전복적인 과제는 꽤 버겁게 느껴진다.

300년 전, 조나단 에드워즈Jonathan Edwards는 이런 글을 남겼다.

> 예수 그리스도의 선한 군사된 자의 강함은 악하고 부조리한 이 세상에서 일어나는 온갖 풍랑과 상처, 부당한 행위, 예기치 못한 행동과 사건 한가운데서도 … 거룩한 잠잠함을 굳건하게 유지하는 데서 드러난다. 성경은 진정한 참음의 의미를 이렇게 속삭인다. "노하기를 더디 하는 자는 용사보다 낫고 자기의 마음을 다스리는 자는 성을 빼앗는 자보다 나으니라"(잠 16:32).16)

산만함의 어리석음

잠언에서 지혜의 반대는 보통 '음녀'라는 인물로 의인화된다. 달콤한 "말로 호리는" 여인(잠 2:16-17)은 그 입술에서 "꿀을 떨어뜨리고"(5:3) "떠들며" "유혹하고" "자기 집 문에 앉으며" "이리로 돌이키라"며 "행인들을 부른다"(9:13-15). A. W. 토저Tozer는 그녀가 "도덕적 미련함의 화신"이며 "암시의 힘을 발휘한다"고 말한다. 우리는 음녀를 지금 이 세상에서도 만난다. 그녀는 "다음에는 이걸 보세요!"라는 알고리즘을 통해 우리 머릿속에 여러 "암시"를 펼쳐 놓음으로써 우리를 끊임없이 산만하게 만든다. 토저는 말한다.

> 수많은 사람이 아침 아홉 시부터 눈꺼풀이 내려앉는 밤까지 쉴 새 없이 암시의 힘에 세뇌당하고 있다. 이들은 온전히 마음을 바칠 수 없다. 자신이 어디로 가고 있는지 알지 못한 채 어디에도 마음을 두지 않는 삶을 살아간다.[17]

여기서 우리는 오늘날 미디어 환경이 우리를 어리석게 만드는 이유의 핵심이 무엇인지 알 수 있다. 우리는 아무 목적 없이 그냥 폰을 집어 들고, 무심하게 뉴스 피드를 스크롤하며, 아내나 남편에게 "넷플릭스에서 뭐 하나 볼까" 하는 말을 던진다. 그 순간 우리의 집중력은 흐트러진다. 우리는 암시의 힘에 쉽게 무너진다. 알고리즘이란 기계의 톱니바퀴는 나날이 정교해져서 우리를 플랫폼에서 끝없이 유랑하게 만든다. 우리는 디지털 유랑자다. 이런 상황은 실로 위험하다.

주의 산만이라는 맹독을 해독하는 방법은 바로 목적, 집중, 의도에 있다. 잠언 4:25은 말한다. "네 눈은 바로 보며 네 눈꺼풀은 네 앞을 곧게 살펴." 이 지혜는 미련한 행실을 일삼는 어리석은 여인, 곧 "생명의 평탄한 길을 찾지 못하며 자기 길이 든든하지 못하여도 그것을 깨닫지 못하는"(잠 5:6) 여인과 정반대의 길을 간다.

온라인에 접속할 때는 반드시 이 세계에서 내가 뭘 하려고 하는지 자문하라. 특별한 목적이 있는가? 유튜브를 열었다면, 구체적으로 뭘 보려는 것인가? 줄을 서거나 어딘가로 이동하는 중에 휴대폰을 들여다본다면, 어떤 목적 때문인가 아니면 습관처럼 보는 것인가? 어떤 곳 somewhere 으로든 가지 않는다면 아무데나 anywhere 가게 될 것이다. 그리고 인터넷상에서 아무데나 갔는데 우리에게 유익한 경우는 거의 없다.

토의를 위한 질문

1) 급변하는 세상 가운데서 그리스도인들이 느리더라도 지혜로운 삶의 본을 보이려면 어떻게 해야 할까?

2) 뉴스의 속도가 워낙 빠르다 보니 진실에 역행하는 경우가 흔히 벌어진다. 최근

에 일어난 사례가 있다면 함께 이야기해 보자. 가짜 뉴스나 무분별한 뉴스의 확산을 방지하기 위해 우리가 할 수 있는 일은 무엇인가?

3) '디지털 유랑자'가 되는 것이 위험한 이유는 무엇인가? 온라인상에서 목적 없이 스크롤과 클릭을 하는 행태를 방지하려면 실제적으로 어떤 조치를 취해야 할까?

자율성의 이면

죄가 처음 세상에 들어온 것은
사람이 스스로 만물의 척도와 심판자가
되는 것을 반겼기 때문이다.
제임스 패커

정보 과잉과 빠른 속도가 만들어 낸 부산물 중 하나는 정보의 신뢰성에 대한 회의가 깊어졌다는 것이다. 수준 미달의 정보도 많지만, 잘못되고 거짓되고 편견에 오염된 정보도 많다. 이런 상황에 점차 자기 자신만을 유일무이한 신뢰의 보루로 삼게 되는 것은 자연스러운 현상일 것이다. "네 안을 들여다보라", "마음 가는 대로 하라", "너답게 살라" 등의 문구가 먹히는 게 이상한 일이 아니다. 가족, 교사, 목사, 정치인, 종교적 전통을 비롯한 외적인 권위에 실망을 느끼거나 이들이 위선적이라고 받아들인 지 오래다. 기껏해야 이 권위들은 진리의 원천인 우리 자신보다 부차적인 것으로, 최악의 경우 자기 발견의 여정을 가로막는 장애물 정도로 취급받는다.

하지만 '자아 the self'는 신뢰할 만한 권위가 아니다. 우리의 변덕스러운 마음은 신뢰할 만한 인도자가 못 되며 어떤 만물보다 거짓에 흠뻑 물들어 있다(렘 17:9). 우리는 "스스로에게 진실하라"는 명분을 받아들이다 자기기만과 만성적인 깨어짐의 악순환에 빠지기 쉽다. 악순환에 빠진 채 우리는 우리 안에 스스로를 치유할 모든 자원이 있다는 허상을 믿는다. 나 자신은 홀로 자존, 자립하는 존재요, 나 말고는 아무것도 책임질 필요가 없다는 통념을 받아들인다. 하지만 이것은 위험하고도 고독한 거짓이다.

많이 먹고 급히 먹는 것이 위험하듯 검증되지 않은 음식을 먹는 것도 위험하다. 당신이 어떤 음식을 개인의 취향이나 기호, 혹은 감에 의지해 먹어도 된다고 속단한다면, 이는 분명 위험한 일이다. 숲에서 먹음직스러워 보이는 산딸기나 버섯을 따고 있다고 상상해 보자. 이런 경우 어쭙잖게 전문가 행세를 했다간 말 그대로 죽을 수 있다. 영양성분표가 존재하는 이유가 있다. 소비자의 섣부른 직감을 넘어선 규제나 안전장치가 없다면 음식도 위험해질 수 있다.

그렇기에 지식, 진리, 지혜가 필요한 법이다.

전문 지식의 죽음

권위를 외면하고 자기 내면만 응시하려는 성향은 에덴동산만큼 오래되었다. 르네 데카르트René Descartes와 존 로크John Locke를 비롯한 계몽주의 사상가들은 이 성향을 더욱 정교한 언어로 다듬었다. 이들은 진리가 우리 머리 바깥 세계가 아니라 개인의 정신세계 안에 있다고 여겼다. 그러나 지난 세기 동안 우리는 외적 권위가 그 어느 때보다 급격히 와해되는 것을 목격했다.

인터넷의 정보 민주화는 평준화 효과를 발휘했다. 모든 담론 영역에서 자격증은 대단찮게 여겨지고 무자격자의 참여는 대담해졌다. 이제 우리 모두는 모든 영역에 대한 '전문가'이며 자기 생각을 마음껏 개진할 수 있는 플랫폼도 마련되었다. 일부 배우들은 자신의 라이프스타일을 전시하는 블로그를 열어 의학적으로 검증되지 않은 건강 정보를 전파한다. 전원생활을 누리고 있는 일부 엄마들은 (자칭 '전문가'가 쓴) 블로그 글을 훑어본 후에 백신, 에센셜 오일, 대체 의학, 특수 다이어트 등에 대한 전문가 행세를 한다. 인스타그램 인플루언서들은 정치적 논란에 대해 제대로 알아보지 않은 채 확신에 찬 평론을 내놓는다. 코로나19 팬데믹 기간 동안 트위터 계정을 가진 사람이면 너 나 할 것 없이 역학과 바이러스 봉쇄 정책에 대한 자신의 지식을 굳게 확신하고 있었다.

'전문 지식'은 난관에 봉착했다. 소위 엘리트들을 향한 적대감과 분노로 인해 자격증에 기반한 권위를 무시하는 현상이 널리 퍼지면서 문제를 일으켰다. 2017년, 톰 니콜스Tom Nichols는 전문 지식의 붕괴 현상을 분석한 명작 『전문가와 강적들The Death of Expertise』을 내놓았다. 책에서 니콜스는 이 현상 속에서 민주주의의 평등권이 평등한 재능, 평등한 능력, 평등한 지식으로 곡해되는 과정을 세밀하게 관찰한다.[1] 이러한 세상에서는 라디오 토크쇼에서 귀동냥을 한 사람과 그 주제에 관해 박사학위를 가지고 있는 사람이 맞붙어도 둘의 이야기를 동등한 무게로 다룬다.

코로나19가 여실히 보여 주었듯 '전문가'도 언제든 틀릴 수 있다. 전문 학자와 보건 관료처럼 집단 사고에 빠지기 쉬운 부류를 맹목적으로 신뢰하는 것은 위험할 수 있다. 한 주제에 대한 깊은 지식이 지혜를 대신하지 못한다. 끔찍한 전쟁, 대학살의 음모, 비도덕적 과학 사업 등은 박사학위와 자격증을 갖춘 전문가들에 의해 자행되었다. 하지만 축적된 지식은 중요하다. 그렇지 않은가? 한 사회의 구성원들이 검증 불가능한 각자의 소견과 직감에만 의존해 전문 지식을 무시한다면 불행한 일이 일어날 것이다. 우리의 기분에 모든 것을 맡긴다면 결국 혼돈이 지배할 것이다. 이는 사사기 본문에 나온 그대로다. "사람마다 자기 소견에 옳은 대로 행하였더라"(삿 17:6).

우리에게 일부러 해를 끼치려 하는 전문가는 드물다. 그들은 우리를 돕고 싶어 한다. 가드레일이나 경비원의 역할은 우리를 억압하는 것이 아니라 보호하는 것이다. 권위가 악용되는 경우가 있지만 제대로 사용되는 한 권위는 우리에게 큰 유익이 된다. 작가는 좋은 편집자 곁에 있을 때 역량이 만개한다. 아이들은 부모 곁에 있을 때 가장 평온하다. 구미가 당기는 메뉴가 많은 맛집에서는 점원에게 추천 메뉴를 물어보는 편이 낫다.

전문가의 조언을 회피하면 나쁜 일에 노출될 수 있을 뿐 아니라 좋은 일을 놓치게 될 수 있다. 나는 영화 평론가다. 알다시피 평론가는 '전문 지식 죽음'의 시대에 특히 비난받기 쉬운 직종 중 하나일 것이다. 사람들은 자신 역시 영화를 즐겨 보고 있으니 영화를 평가하는 데 있어 전문 평론가 못지않다고 여긴다. 나는 영화 비평을 쓰는 데 대략 15년을 바쳤다. 영화 및 미디어 연구로 석사학위도 받았다. 사람들이 영화에 대해 쓴 내 글을 받아들이지 않거나 평가 절하한다 해도 상처받지 않는다. 조금 실망할 뿐이다. 내가 영화 비평을 쓰는 것은 영화에 대한 내 전문 지식을 뽐내기 위해서가 아니다. 나는 그저 사람들이 훌륭한 영화를 고르고 나쁜 영화는 피하도록 돕고 싶다. 비평에 대한 내 전문 지식으로 평범한 관객이 비평 전문가로 돌변하길 바라는 것은 아니다. 다만 영화를 보는 눈을 조금이라도 높여 주고 싶다.

  우리는 만사에 전문가일 수 없다. 하나님이 사람들에게 각기 다른 은사를 주신 데는 이유가 있다. 가령 성경적 관점에서 건강한 교회는 모든 지체가 천편일률적인 방식으로 기여하는 곳이 아니라 다채로운 은사를 지닌 각 부분이 보다 건강한 전체를 위해 기여하는 곳이다(고전 12:12-27; 엡 4:1-16을 보라). 우리 스스로 모든 것을 할 수 없기에, 우리에겐 서로가 필요하다. 어느 분야에서든 참된 지식을 쌓고 숙련된 기술을 갖추려면 다른 누군가로부터 교육을 받고 훈련받아야 한다. 타인의 전문 지식을 불쾌하게 여기기보다는 존중하고 그로부터 배워야 한다.

대안적 사실

'대안적 사실Alternative Facts'이란 단어가 문화적 어휘로 등장한 것은 2017년 초였다. 당시 트럼프 정부의 캘리앤 콘웨이Kellyanne Conway 백악관 고문은 NBC 뉴스의 '미트 더 프레스Meet the Press'에 출연해 진행자인 척 토드Chuck Todd에게 이렇게 말했다(당시 숀 스파이서 백악관 대변인은 트럼프 취임식에 역사상 최대 인파가 몰렸다고 말했지만 이는 사실과 달랐다. 이후 콘웨이 고문은 이 방송에서 진행자와 갑론을박을 벌이면서 대변인의 발언을 옹호했다—옮긴이). "당신은 거짓말이라고 하지만 우리는 대안적 사실을 제시했을 뿐입니다." 그러자 토드는 즉각 반박했다. "대안적 사실은 사실이 아니에요. 그냥 거짓말일 뿐입니다."2)

오늘날 탈진리의 세계에서 '사실'은 유동적이고 편견으로 물들었기에 위협이 될 때면 언제든 논박하거나 무시하면 그만인 것으로 치부된다. 정치적 논쟁은 대체로 별다른 결실을 맺지 못한 채 흐지부지 끝난다. 여러 이유가 있겠지만 양측이 자신만의 '사실'들을 내세우고 상대방의 주장은 근거 없는 것으로 일축하기 때문 아닐까.

이제는 감정이 사실을 지배한다. 우리는 진실된 것이라 '느끼는' 내용을 사실이라고 주장한다. 혹여 누군가가 이 사실에 이의를 제기하면 다시 반박하기 바쁘다. 어떻게 감히 내 느낌이 갖는 타당성에 의문을 표시할 수 있지? 누군가가 진실이라고 느끼는 부분이 틀렸다고 입증하는 것은 그 사람의 정체성을 거부하는 것과 같다. 그것은 상대방을 불쾌하게 하고 공격하고 무시하는 것이다. 이는 단순히 오류를 들킬 때보다 훨씬 수치스럽게 다가온다. 제아무리 논리적인 골격이 튼실한 주장일지라도, 제아무리 명백한 사실일지라도, 부유층의 특권에 대한 무지, 헤게모니적 조작, 억압자의 무기 등으로 일축해 버릴 수 있다. 사실과 합리성은 트라우마(점점 무기화되고 있는 말)의 가해자 취급을 받는다. 누구나 합의할 수 있는 객관적 증거도 필요 없는 실정이다. 압두 머레이Abdu Murray는 이렇게 말한다. "탈진리 시대에는 증거조차 우리의 기호와 견해에 들어맞을 때라야 통한다. 그렇지 않은 경우라면 증거는 아예 용납될 수 없거나 불쾌한 것으로 간주되며 얼마든지 건전하게 진행될 수 있었던 토론까지 무력화시켜 버린다."3)

사실에 대해 무신경한 태도는 개인적인 신념 체계에도 적용된다. 무질서하고 엉성하기 짝이 없는 정보들이 우리의 머릿속을 채우고 있는 탓에, 그리고 자기 인식과 비판적 사고 능력이 줄어든 탓에 우리는 모순으로 뒤범벅된 세계관을 수집하고 있다. 한 사람이 기독교의 여러 요소를 받아들이고서는 불교나 신비주의의 일부 요소를 수용하기도 한다. 그리스도께서 주장하신 종교적 배타성은 무시해 버리는 것이다(요 14:6). 이구아나의 알을 보호하는 데 열심인 사람이 태아의 낙태가 합법이라고 주장할 수 있다. 유기농 농작물의 중요성을 설파하고 유전자 조작 토마토의 위험성에 호들갑을 떠는 사람이 트렌스젠더의 성전환 수술과 호르몬 조작은 찬동할 수 있다. 우리는 자기 안의 논리적 불일치를 성찰하는 데 갈수록 실패하고 있다.

하지만 우리 자신의 논리적 허상이 발각될 때 우리는 얼마든지 채널을 돌리거나 누군가를 '언팔unfollow'할 수 있다. 그러다 보니 인지 부조화cognitive dissonance를 느낄 새도 없이 모순된 견해를 그대로 유지하기 쉽다. 앨런 노블이 관찰한 바에 따르면, "우리의 윤리 규범 안에 있는 결점과 직면해도 이를 무시하는 데 별다른 노력이 필요하지 않다." 끊임없이 정신을 자극하는 세계에서 "인지 부조화에 대처하는 우리의 기본 반응은 그저 다른 일을 하는 것이다."4)

듣다 보면 광기가 느껴지지 않는가? 하지만 엄살이 아니라 엄연한 사실이다. 그것이 지금 우리 삶의 민낯이다. '리얼리티'는 더 이상 예전과 같은 성찰의 힘을 제공하지 못한다. 검증된 지식, 입증 가능한 사실, 심지어 우리 몸의 실재성마저 으뜸가는 권위인 '자아'를 전복하려 하는 순간 깡그리 묵살되고 만다.

'나' VS 내 몸

현재의 혼란은 인격과 몸을 분리하는 이원론적 사고에서 비롯한다. 이러한 이원론 아래서 우리 몸은 보다 고귀하고 진정한 '나'라는 인격체와 분리된 채 그보다 못한 것으로 여겨진다. 낸시 피어시Nancy Pearcey가 『네 몸을 사랑하라Love Thy Body』에서 언급하듯 이원론이 몸과 인격을 상호 대립적으로 설정하는 바람에 "몸은 인격과 관계없는 것으로, 즉 순전히 실용적인 목적으로만 사용되는 열등한 것으로 폄하되었다."[5)]

몸에 대한 실용적이고 이원론적인 관점은 우리가 몸의 '성능performance'에만 집착하게 만든다. 운동, 다이어트, 영양 보충제, 단백질 바, 운동능력 향상 약물, 수술 등에 대한 관심을 보라. 이러한 우리의 모습은 "고급차를 광내고 튜닝하는 데 빠진 차주와 다를 바 없어 보인다."[6)] 이런 관점은 또 다른 문제를 일으킨다. 바로 성관계를 그저 육체적 행위로만 보게 만든다는 점이다. 앞선 자동차 비유를 연장하자면 우리 신체의 '감압밸브' 정도로 보는 것이다. 연애 감정 없이 성관계만 즐기는 훅업hookup 문화가 만연하고 소개팅 어플이 인기를 끌며 음란물이 기승을 떨치는 것도 이 때문이다. 몸에 대한 이원론적 관점은 낙태와 안락사 같은 문제를 섣불리 정당화하는 결과를 낳기도 한다. '인격personhood'이나 '실제 자아real self'가 육체와 근본적으로 연결되지 않는다면, (가령 태아나 영양 튜브에 의존해 연명하는 사람처럼) '한낱 몸에 불과한 존재'들은 '인격'이 아니기에 보호할 가치가 없다고 여겨질 수 있다.

하지만 몸과 인격을 분리하는 이원론이 가장 적나라하게 노출되는 사례로 성소수자 운동 발생, 그리고 성sex과 젠더 gender를 생물학과 무관한 각각의 범주로 나누는 현상을 꼽을 수 있다. 현대 젠더 이론에서는 당신의 정체성을 결정하는 것은 생물학적 요인이 아닌 당신의 느낌이라고 말한다. 이제 성적 정체성의 유일한 기준은 스스로의 주장뿐이다. "내 정체성은 …입니다." 이렇게 말하면 그만이다. 몇 년 전 크게 회자되었던 유튜브 영상이 있다. 이 영상에서 워싱턴 대학교 학생들은 자신이 198센티미터의 중국 여성이라고 주장하는 175센티미터의 백인 남성의 말을 반박하는 데 어려움을 겪었다.[7] 그 이유가 무엇이었을까? 합리성과 객관성이 정체성의 정치와 '대안적 사실'에 굴복한 이상, 누군가 스스로 규정한 정체성을 반박하는 것은 그 주장의 타당성을 떠나 불쾌하고 모욕적인 행동이 되기 때문이다. 이는 상대방이 스스로 만든 '인격'대로 살 자유를 부인하는 것과 같다.

그러나 이 대담한 신세계는 전혀 자유롭지 못하다. 지혜롭지도 않다. 우리는 성별 불쾌감(gender dysphoria: 생물학적으로 주어진 성별을 심리적으로나 정서적으로 용납하지 못하는 감정)을 느끼는 사람들의 아픔에 공감한다. 하지만 '젠더 정체성'을 신체적 실재로부터 떼어 놓는 것은 그 자체로 주관주의라는 판도

라의 상자일 뿐 아니라 신체의 서글픈 몰락임을 놓쳐서는 안 된다. 육체와 정신 사이의 연결고리를 자르는 것은 새로운 형태의 영지주의에 불과하다. 영지주의는 하나님의 창조 세계의 선함, 그리고 육체와 정신/영혼 간의 조화와 상호 연결성에 대한 계획을 대놓고 거부한다.

신체적 진실을 거부하라

성적 정체성을 생물학과 무관한 것으로 인식하는 현상, 그리고 갈수록 기술 사회가 실재성과 멀어지는 현상이 동시에 확산되는 것은 우연이 아니다. 스크린과 키보드를 통해 삶을 살아가고, 몸을 부대끼며 체감하는 물리적 실재보다는 비물리적 재현 세계에 존재하게 되니 우리 몸으로부터 분리되는 것이 점차 쉬워지는 게 더 이상 놀랍지 않다. 우리 몸에 연결될 필요 없이 우리 자신을 구성하기 시작할 수 있다 해도 더 이상 신기하지 않다. 영화 <매트릭스> 시리즈로 디지털 시대가 겪고 있는 '진짜가 무엇인지'에 대한 혼란을 집약했던 워쇼스키 형제가 성전환 수술로 워쇼스키 자매가 되었지만 그리 놀랍지도 않다.

이러한 디지털 영지주의는 우리가 몸에 매이지 않으니 우리에게 한계가 없다고 착각하게 만든다. 이런 토양 위에 '트랜스휴머니즘transhumanism' 같은 분야가 탄생했다. 트랜스휴머니즘이란, 과학 기술을 통해 인간이 신체의 한계를 완전히 극복할 것이라는 개념을 말한다. 한 세기에 걸쳐 모든 외적 권위의 한계로부터 자아를 해방시켜 온 철학 위에서 디지털 시대는 이제 생물학적 남성이라 하더라도 여성이라는 정체성을 가지도록 허용한다.

디지털 시대 이전의 농경 사회에서 그러한 사고방식을 진지하게 고려했을 리 없다. 당신이 기술자나 노동자로서 밤새 일을 한다면, 신체의 역량이나 한계를 절감하지 않을 수 없을 것이다. 당신이 농부라면 몸에 쉼이 필요하다는 것을, 날씨에 맞게 옷을 입어야 한다는 것을, 내 몸의 강점과 약점을 보다 잘 알 것이다. 이러한 이유로 농촌 지역보다는 산업화된 도시에서 트랜스젠더를 더 자주 만날 수 있는 것일지 모른다. 물리적 세계의 현실과 단절될 때 우리는 자아 개념에서 육체를 무시하기 쉽다.

그러나 몸이라는 진실, 나아가 자연의 진실을 거부하는 것은 어리석은 짓이다. 결국 혼란과 비탄에 이를 뿐이다. 예를 들어 젠더와 같은 요소를 이해하는 유일한 기준이 각자가 자신에 대해 하는 말뿐이라면(예: "난 여자입니다. 내가 그렇게 느끼니까요") 젠더 개념은 완전히 무의미해진다. 합의된 정의definition와 언어가 무너지며, 어떤 사안에 대해 일관된 담론을 펼치기 어려워진다.

'당신의 진실', 그 음울한 종착역

오프라 윈프리Oprah Winfrey는 2018년 골든 글로브 시상식에서 공로상을 수상하면서 다음과 같이 소감을 밝혔다. "당신의 진실을 말하는 것이야말로 우리가 가진 가장 강력한 도구라는 것을 확실히 알고 있습니다."[8]

'당신의 진실', 오늘날 이 표현을 너무나 자연스럽게 사용하는 나머지 그 뒤에 숨어 있는 표리부동을 눈치 채기 어렵다. 특히 우려스러운 점은 '당신의 진실'이라는 철학이 가정을 무너뜨린다는 사실이다. 어느 날 갑자기 아빠가 자신의 진실을 들먹이며 새로운 연인, 새로운 가족, 심지어 새로운 젠더를 향해 떠나리라 마음먹는다고 생각해 보라. 이 철학이 사회 전체를 무너뜨릴지 모른다는 염려는 엄살이 아니다. 한 개인의 진실은 다른 누군가의 진실과 늘 싸움을 벌여야 하고, 합리적 근거 없이 권력이 승자를 결정하게 될 것이기 때문이다.

'당신의 진실'은 개인에게 신뢰할 수 없는 자기 정당화의 짐을 지운다. 우리 모두가 자력으로 완성해야 할 프로젝트라면, 즉 자기 운명을 발견하고 실현하는 것이 온전히 우리 스스로에게 달려 있다면, 인생은 성과를 내기 위한 무한 경쟁의 장이 될 것이다. "당신의 진실을 따라 살라Live your truth"는 말에 배어 있는 자율성은 비일관적일 뿐 아니라 우리를 피곤하게 한다. 프랑스 사회학자 알랭 에랑베르Alain Ehrenberg

가 『자아의 권태 The Weariness of the Self』에서 지적하듯 자기 창조적인 사람은 망그러지기 쉽고 "자신의 주권에 싫증을 낸다." 우울증은 "자기 주권을 거머쥔 인간에게 바꿀 수 없는 동반자"이자 피할 수 없는 결과다.9)

'당신의 진실'에 담긴 자율성은 늘 외로움을 낳는다. 자율성은 우리가 (가정, 교회, 문화, 생물학 등) 각양각색의 구조에 속박당하지 않고 살 수 있다고 미혹한다. 그러나 모두가 외로운 섬이 되어 더 큰 진리를 불신하고 더 위대한 이야기 속에 뿌리내리기를 거부한다면, 공동체를 이루는 것은 불가능해진다.

거듭 말하지만 앞선 시대에는 이런 사고를 가히 상상조차 할 수 없었다. 혼자 힘으로 살아가는 것은 한없이 위험한 짓이었다. 농경 문화권에서는 공동체의 힘이 필수다. 구성원 모두 농장에서 없어선 안 될 역할을 맡아 서로를 도왔다. 각 사람의 정체성은 공동체 전체와 어떤 관계에 있느냐로 해석되었다. 완전한 자율성은 어리석고 이질적이기만 한 게 아니었다. 그것은 위험했다.

『당신의 머리 밖 세상 The World beyond Your Head』에서 매튜 크로포드는 머리 밖의 것이라면 모조리 자아에 대한 위협으로 보는 생각에 이의를 제기한다. 그가 말하려는 것은 우리를 둘러싼 환경이 자아를 손상시키기보다는 구성한다는 것이다. 사람은 통 속의 뇌가 아니다. 우리는 우리가 만들지 않은 현실 세계에 자리해 있으며 추상적인 투사나 공허한 자기 개념을 통해서가 아니라 각자 처한 상황을 통해 우리 자신을 알게 된다. "우리가 살고 있는 세계는 조상들이 이미 이름 붙인 곳으로, 우리가 나타나기도 전에 의미로 가득 차 있었다."[10]

요람에서 무덤까지 우리를 형성하는 것은 바로 타자들이다. '네 안을 들여다보라'고 채근하는 세계와는 정반대로 머리 밖 세계는 어리석은 우리가 무시해 온 방법들로 우리 존재를 규정한다. 이것을 억압으로 보거나 (어리석게도) 현실은 그렇지 않은 체하기보다는 이런 상황을 선물로 받아들여야 한다. 진리란 대부분 우리 외부에서 오지 않는가. 우리는 어디에서 진리를 찾을지 선택할 수 있다. 어떻게 진리를 '통합'하고 일상의 터전에서 지혜로 승화시켜 '적용'할지도 선택할 수 있다. 하지만 무엇이 사실인지 아닌지를 선택하지는 않는다. 우리는 진리를 창조할 수도 결정할 수도 없다. 다만 우리는 내 감정이나 기호와 맞지 않을 때라도 진리를 찾고 감사함으로 받아들일 뿐이다.

하나님께 감사하라.

토의를 위한 질문

1) 당신이 속한 공동체와 문화권에서 '전문 지식의 죽음'이 두드러지게 나타나는 분야가 있는가? 오늘날 자칭 전문가가 우후죽순 등장하는 이유는 무엇일까? 이러한 현상에 담긴 문제는 무엇인가?

2) '당신의 진실', '마음의 소리를 따르라', '너 자신에게 진실하라' 등의 문구가 오늘날 워낙 흔하게 사용되는 탓에 이에 이의를 제기하다가는 미움받기 십상이다. 자기 자아를 최고의 권위로 여기는 사고방식을 적극 옹호하는 친구와 대화를 할 때 분위기를 흐리지 않으면서도 이의를 제기하려면 어떻게 해야 할까?

3) 그리스도인과 교회 역시 개인주의와 자율적 자아라는 그릇된 개념을 확산시키는 데 공모해 온 것은 아닌가? 그런 성향이 두드러진 영역이 있다면 이야기해 보자. '너답게 살라'는 시대 가운데서 우리는 어떻게 해야 공동체 안에서 책임성이란 가치를 호소력 있게 복원할 수 있겠는가?

2부

지혜의 근원

삶을
지혜롭게 하는
　　　진리의 보고

대저 여호와는 지혜를 주시며
지식과 명철을 그 입에서 내심이며
잠언 2:6

1부 마지막 장에서도 보았듯이 우리 내면을 들여다보기만 해서는 세상은커녕 우리 자신도 알 수 없다. 우리는 외부와 단절된 상태에서 마음대로 현실을 규정할 수 있는 고립된 개인이 아니다. 우리는 경계가 허술한 존재이기에 타인들과 영향을 주고받으며 빚어진다. 그런 우리를 형성하는 가장 중요한 요소는 우리가 처한 '상황'이다. 공기든 물이든 생각이든 우리를 둘러싸고 우리 안으로 들어오는 세계. 이를 두고 피터 레이하르트Peter Leithart는 이렇게 말한다.

> 가장 기초적인 수준에서도 우리는 세계를 먹음으로써 배운다. … 우리 뇌도 마찬가지다. 입으로 먹고 배에 채우듯 세상을 먹는 것이다. 그런 점에서 배움이란 마음껏 먹는 것이다. 각종 영양소가 혈액을 통해 흘러가듯 세상은 뇌를 통해 흘러 우리 자신이 된다.[1]

우리가 무엇을 섭취하느냐 하는 것은 너무나 중요하다. 우리를 건강하게 할 수도, 병들게 할 수도 있기 때문이다. 나쁜 것을 먹으면 우둔해질 것이다. 좋은 것을 먹으면, 즉 신뢰할 만한 진리의 원천에서 나온 것을 먹으면 우리는 현명해질 것이다. 이는 기만과 오류라는 바이러스를 막는 예방접종 역할을 할 것이다. 2부에서 다루려는 내용이 바로 이것이다. 혼돈의 시대 속에서 보다 건강한 정보를 섭취하려면 어떤 습관을 가져야 할까? 지혜를 향해 우리 삶의 방향을 조정하는 법을 제안하려 한다.

지혜란 무엇인가

　지혜는 지식이 아니다. 정보도 아니다. 우리가 그 어느 때보다 지식과 정보는 많으나 지혜는 부족한 시대를 살고 있음은 자명한 사실이다. 단순히 지식만 축적한다고 해서 지혜로워지는 것은 아니다. (이미 그러한 때가 온 건지 모르지만) 똑똑하다는 인간들보다 훨씬 지식이 풍부한 로봇을 만나게 될 것이다. 하지만 그렇다 하더라도 로봇이 인간보다 지혜로울 리 없다. 지혜는 단순한 정보 처리를 뛰어넘는다. 지혜에는 알고리즘도 없다. 교육이 반드시 지혜를 보장하는 것도 아니다. 학식이 높은 사람 중에도 지혜롭지 못한 이가 있으며, 지혜로운 사람 중에 배움이 적은 이들도 있다. 지혜는 다양한 교육 수단을 통해 얻은 지식으로서 '무엇을 해야 할지' 아는 것이다. 일상생활에서 지식과 정보를 어떻게 적용할지, 참되고 바른 것을 어떻게 분별할지, 진리의 빛 안에서 어떻게 살아갈지 아는 것이다. 단순히 정답을 아는 것은 지혜가 아니다. 지혜는 올바르게 사는 것이다. 어떤 정답이 최선인지 결정하는 것이다. 지혜는 윤리적 방향성이다. 옳고 그름, 진실과 허위, 진리와 거짓을 분별하는 감각과 직관력을 향상시키는 것, 선의 경중을 재어 보고 각축을 벌이는 여러 진실 사이에서 복잡한 결단을 내리는 것이 바로 지혜다. 지혜는 구글에서 검색하거나 단번에 다운받을 수 없다. 시간과 경험으로 켜켜이 누적될 뿐이다.

지혜와 지식은 공생 관계에 있다. 습득하는 지식의 좋고 나쁨에 따라 우리는 지혜를 얻을 수도 잃을 수도 있다. 그러나 지혜가 많을수록 우리는 나쁜 지식을 걸러내고 좋은 지식을 영양분으로 삼는 데 더 능숙해진다. 지혜는 건강한 콩팥이다. 노폐물은 걸러내고 영양분은 간직한다. A. W. 토저는 지혜를 비타민에 비유한다. "비타민 자체가 영양분이 되지는 않지만, 비타민이 없다면 몸에 아무런 영양을 공급할 수 없다. … 비타민은 다른 모든 것이 제대로 기능하게 한다."[2]

그러나 지혜는 비타민처럼 약국에서 쉽게 구입할 수 있는 게 아니다. 지혜를 처방해 줄 수 있는 의사는 이 세상에서 찾을 수 없다. 이 사실이 바로 핵심이다. 야고보가 성경에서 외치듯 참 지혜는 "위로부터" 내려오지 아래에서 솟아나지 않는다(약 3:17). 지혜는 하나님이 지으셨고(잠 8:22-32) 하나님이 주시고(잠 2:6) 하나님을 경외하며(잠 1:7) 하나님을 향한다(잠 3:5-8). 지혜는 정보를 종합하고 가려내고 판별하고 적용하는 능력을 통해 올바른 판단과 전체적인 성장으로 인도한다. 하나님 없이 우리는 지혜로울 수 없다. 하나님은 지혜의 기준이자 정의이며 근원이자 수호자다. 그렇다고 하나님은 지혜를 혼자만 쥐고 계시지 않는다. 하나님은 구하는 자에게 기꺼이 지혜를 주신다(약 1:5).

하지만 여기서 문제가 생긴다. 구하려면 겸손해야 하기에 우리는 하나님 없이도 지혜로울 수 있다고 믿고 싶어 한다. 하지만 지혜를 추구한다면서 하나님을 우회하는 것은 어리석음으로 가는 지름길이다. 아담과 하와에게 물어보라. 하나님을 인정하고 그분의 통치 아래 완전히 복종할 때 우리는 비로소 지혜로워지기 시작한다. 이 전제를 받아들이지 않으면 이 책의 모든 활자는 끝내 침묵할 것이다.

'지혜 피라미드'란 무엇인가

지혜 피라미드는 어떤 범주의 지식이 신뢰할 만한 진리의 원천이며 지혜로 이어질 수 있는지 이해하도록 돕기 위한 시각적 안내 자료다. '건강한 식단을 위한 지침'을 시각적으로 제시한다는 점에서 음식 피라미드의 영향을 받았지만, 지혜 피라미드는 음식 피라미드와 몇 가지 중요한 면에서 다르다.

음식 피라미드에서 각 '식품군'은 균형 잡힌 식사를 위해 중요한 역할을 한다. 건강을 유지하고 싶다면 모든 군의 음식을 먹어야 한다. 지혜 피라미드는 그렇지 않다. 지혜 피라미드에서는 가장 아래에 위치한 두 섹션만이 절대적으로 중요하다.

피라미드 상단에 가까운 섹션들은 건강한 지식의 재료가 되어 나름의 방식으로 진리를 가리킬 수 있지만, 엄밀히 말해 지혜로운 사람이 되기 위한 필수 요소는 아니다. 인터넷이 발달하기 전에도 현인은 많았다. 지혜를 위해 다양한 재료를 양분으로 삼을 수 있겠지만 인체와 달리 굳이 '균형' 잡힌 식단까지는 필요하지 않다. 가령 우리가 지혜를 얻기 위해 유독 성경만 먹는다고 해도 별 탈이 없겠지만, '빵류'의 음식만 먹는다면 우리 몸은 탈이 날 것이다.

음식 피라미드에서처럼 지혜 피라미드에서도 계층 구조가 중요하다(물론 위에서 언급한 것과는 다른 이유에서다). 지혜 피라미드의 구조와 관련해 알아야 할 두 가지 특징이 있다. 맨 아래 있는 항목이 가장 영속적이며(하나님의 말씀) 맨 위에 위치한 항목은 순식간에 사라진다는 것이다(잠깐 있다 없어지는 소셜 미디어). 맨 아래 있는 항목에서 하나님의 직접적인 개입이 가장 강하게 이루어지며(성경 안에 기록된 우리를 향한 말씀) 위로 올라갈수록 그 정도가 약해진다(기계가 관장하는 소셜 미디어 알고리즘). 투명하고 신뢰할 수 있는 진리의 통로가 하단에 자리하고, 위로 올라갈수록 투명성과 신뢰성은 점점 약해진다. 그곳에서도 진리를 찾을 수 있지만 이를 위해서는 각별한 분별력이 요구된다.

그러므로 피라미드 맨 아래 항목은 일상의 지식 습관 형성에서 최우선 순위에 해당한다. 문제는 우리가 이 우선순위를 뒤집어 버렸다는 것이다. 일시적이고 인간적인 근원이 우리의 인식론적 기반을 차지해 버렸다. 그러나 이 기반은 바람에 흩날리는 모래알과 같다. 우리에게는 항구적인 무언가가 필요하다. 확고부동하고 영원히 신뢰할 수 있는 지혜의 근원이 필요하다. 다른 모든 근원을 판단하는 척도가 필요한 것이다. 인간이 겪어 온 수천 년의 시간이 이미 보여 주었듯 우리는 하나님의 말씀에서 이 지혜의 근원을 찾을 수 있다.

지혜 피라미드는 영적인 건강을 위한 포괄적 프로그램도, 디지털 시대에 맞는 처세술도 아니다. 나는 대단한 현자가 아니다. 다만 이 책이 나보다 훨씬 신뢰할 만한 근원으로 당신을 인도하는 데 보탬이 되길 바랄 뿐이다. 나의 목표는 신뢰할 만하고 생명을 주는 진리의 근원에 부족하나마 스포트라이트를 비춰 당신이 무질서한 정보화 시대를 지혜롭게 항해하도록 돕는 것이다.

성경

복 있는 사람은 악인들의 꾀를 따르지 아니하며
죄인들의 길에 서지 아니하며 오만한 자들의 자리에 앉지 아니하고
오직 여호와의 율법을 즐거워하여 그의 율법을 주야로 묵상하는도다
그는 시냇가에 심은 나무가 철을 따라 열매를 맺으며
그 잎사귀가 마르지 아니함 같으니
그가 하는 모든 일이 다 형통하리로다
시편 1:1-3

내 아버지의 성경책은 앞으로도 결코 잊지 못할 것이다. 어린 시절 그 책은 집안 한곳에 늘 자리해 있었다. 묵직한 질감의 흑색 가죽 외피에 옆면은 금박 처리되어 있었고 책 내부에는 주보와 암송 카드를 비롯한 많은 종이가 꽂혀 있었다. 낡디낡은 내지에는 구절을 따라 그은 밑줄들, 다양한 색으로 칠해 강조해 놓은 단락들, 여백마다 끄적인 글들이 무성했다. 날마다 그 책을 끼고 사시던 아버지 모습이 눈에 선하다. 아버지는 말씀을 묵상하고 주일학교 공과 준비를 하고 저녁 가정 예배 모임을 진행하셨다. 아버지의 성경책이 곁에 있다는 사실만으로 내겐 위안이 되었다. 내가 성경을 더 신뢰할 수 있게 된 것은 아버지에게 성경책이 주일날 교회 갈 때 챙겨야 할 준비물 정도가 아니었기 때문이다. 아버지에게 성경은 일상을 향한 지침의 근원이었다.

  물론 내 아버지만의 이야기는 아니다. 살아오면서 성경을 사랑하고 성경으로 변화된 가정과 친구를 꽤 많이 목격했다. 나도 그런 사람 중 한 사람이다. 내 삶의 여정도 성경으로 가득했다. 주일학교 시절 선생님들에게서 구약 이야기를 들었고 여름성경학교에서 성경 66권의 순서를 암기했으며, 어와나Awana(성경 암송과 놀이를 중심으로 한 어린이·청소년 선교단체—옮긴이)에서 성경 퀴즈대회에 참여했고 로마서에 제시된 구원의 말씀도 암기했으며 '성경은 나를 위한 책'이란 찬송도 불렀다.

The B-I-B-L-E

나를 위한 책이야!

말씀만이 내가 설 곳.

the B-I-B-L-E

성경은 내 삶을 형성하는 데 가장 큰 영향을 끼친 책이었는데, 돌이켜 보면 신기할 뿐이다. 붉은 빛이 도는 금발을 한 오클라호마 출신의 주근깨 소년이 고대 유대 문학과 이천 년 전 지중해권에서 기록된 편지에 영향을 받다니 이 얼마나 신기한 일인가. 그러나 그 영향력은 예나 지금이나 변함이 없다. 이것은 나만의 이야기가 아니다. 성경은 진리와 생명의 보고로서 장소와 세대에 얽매이지 않았다. 성경은 샌디에이고에서 자식 교육에 열을 올리는 엄마에게도, 대만의 한 택시 운전사에게도 말을 건넨다. 1520년에 리버풀에 사는 한 대장장이의 삶을 인도한 성경은, 2020년에 부에노스아이레스 거리에서 스케이트보드를 타는 청소년의 삶도 인도한다. 세계 어디를 가더라도 서로 닮은 구석이 전혀 없는 사람들이 이구동성으로 "성경은 나를 위한 책이에요!"라고 외친다. 그런 찬사를 받는 책은 세상 어디에도 없다. 기독교의 성경처럼 지속적으로 문화적 장벽을 뛰어넘어 보편적으로 사랑받는 진리의 근원은 어디에도 없다. 이것이 바로 성경만이 지혜 피라미드 전체를 지탱할 기초가 되어야 하는 이유다.

일용할 양식

내가 어린 시절에 접한 음식 피라미드에서는 빵류가 맨 아래층, 곧 기초층에 자리했다. 다양한 식단이 유행하면서 곡물과 글루텐의 인기에 부침이 있긴 했지만, 인간의 식이에서 곡물이 차지한 비중은 문화와 역사를 가리지 않았다. 빵은 곧 생존을 의미했다.

성경에서도 마찬가지다. 널리 알려진 성경 묵상집이 「일용할 양식Our Daily Bread」이라는 이름을 가진 것은 놀라운 일이 아니다. 예수님도 사탄의 유혹에 성경으로 대응하실 때 둘을 연관시키셨다. "성경에 기록하기를 '사람이 빵으로만 살 것이 아니라, 하나님의 입에서 나오는 모든 말씀으로 살 것이다' 하였다"(마 4:4, 새번역).

지혜로워지고 싶다면 성경에서 정보를 얻는 데서부터 시작해야 한다. 성경은 다른 모든 원천의 기준이자 견고한 기초다. 정보 과잉의 세계 속에서 감사하게도 성경은 간결하면서도 포괄적이다. 정보의 영속성과 신뢰성이 종적을 감춘 세계에서 성경은 억겁의 세월을 견뎌낸 고서古書이며, 수세기 동안 수십억 명이 읽고 설교하고 연구하며 배운 베스트셀러다. 저마다의 진리가 존재하는 세상, 내면의 나침반이 이정표 역할을 하는 세상에서 성경은 진리와 생명의 근원이자 무한한 신뢰를 받으실 만한 하나님을 그려 낸다.

성경이 우리에게 으뜸가는 지혜의 근원인 까닭은 영원하신 하나님, 곧 진리의 기준이자 근원이신 하나님이 말 그대로 자신을 계시하신 것이기 때문이다. 이 얼마나 기적 같은 일인가! 하지만 안타깝게도 수많은 사람이 성경을 지루하게 여기며, 읽는다 하더라도 습관화하는 데 어려움을 겪는다. 집안 어딘가 어둑한 구석에 놓인 성경 위로 먼지가 소복이 내려앉는 동안 페이스북 피드는 쉴 새 없이 갱신된다. 너 나 할 것 없이 우리 대부분은 하나님의 말씀보다는 이메일과 트윗을 보면서 하루를 시작한다.

우리는 왜 지혜와 씨름하고 있는 걸까? 오늘날 탈진리의 세계는 방탈출 카페와 같다. 여기서 우리는 출구를 열 단서를 찾아 바닥에 뒹구는 물건들을 소란스레 만지작거리지만 정작 우리에게 필요한 안내가 쓰여 있는 책은 무시하고 있다. 이 책은 잘 보이는 자리에 놓인 채 우리 손길이 닿길 기다리고 있다. 우리 스스로 만든 '진리'의 세계, 그 어긋나고 막다른 길에서 우리를 건져 낼 수 있길 기다리는 것이다.

창조되지 않은 지혜

일시적인 인간의 지혜가 존재할 수 있는 이유는 하나님이 존재하시고 그분이 우리에게 자신을 은혜로이 계시하시기 때문이다. 요한복음은 다음 말씀으로 포문을 연다.

> 태초에 말씀이 계시니라. 이 말씀이 하나님과 함께 계셨으니 이 말씀은 곧 하나님이시니라. 그가 태초에 하나님과 함께 계셨고 만물이 그로 말미암아 지은 바 되었으니 지은 것이 하나도 그가 없이는 된 것이 없느니라. 그 안에 생명이 있었으니 이 생명은 사람들의 빛이라(요 1:1-4).

이 구절은 하나님의 영원한 지혜를 말씀과 연결한다. 이 말씀은 창조하는 말씀이자 빛을 발하는 말씀이며, 예수 그리스도 안에서 육신이 된 창조되지 않은 로고스다. "그 안에는 지혜와 지식의 모든 보화가 감추어져 있느니라"(골 2:3). 고린도전서 2장에서 바울은 자신이 전한 복음은 "이 세상의 지혜가 아니요"(고전 2:6), "은밀한 가운데 있는 하나님의 지혜를 말하는 것으로서 곧 감추어졌던 것인데 하나님이 우리의 영광을 위하여 만세 전에 미리 정하신 것"이라고 말한다(고전 2:7).

우리는 고정된 시공간 속에 있는 일시적 피조물이지만 성경은 이런 우리에게 감추어진 영원한 지혜를 드러낸다. 우리가 들을 귀 있는 자라면, 하나님은 우리에게 말을 걸어 오신다. 존 프레임John Frame은 『신론*The Doctrine of the Word of God*』에서 "성경 내러티브는 처음부터 끝까지 대화로 구성되어 있다"고 말한다. "하나님은 말씀하시고 인간은 응답한다.

이후 벌어지는 역사의 모든 과정은 인간이 하나님의 말씀에 응답한 결과다."1)

성경이 우리를 향한 하나님의 개인적 말씀이 아니라면 굳이 지혜의 기초로 삼을 이유가 없다. 성경이 특정 종교를 선전하려고 인간이 만든 고대 문서 모음집이라면 그렇게 중요하게 여길 필요가 없다. 하지만 성경은 그렇게 단순한 책이 아니다. 우리를 향한 하나님의 말씀이다. 성경을 읽을 때 우리는 살아 계신 하나님, 그분을 직접 대면할 것이다.

성경의 권위

하나님의 말씀과 하나님 자신이 불가분한 관계에 있기에 하나님을 사랑하는 사람은 하나님의 말씀도 사랑할 것이다. 하나님을 경외하는 사람은 그분의 말씀도 경외할 것이며, 예수 그리스도를 권위 있는 분으로 여기는 사람은 (예수님이 그렇게 하셨듯) 성경도 권위 있는 책으로 여길 것이다.2) 하나님이 말씀하시면 우리는 순종해야 마땅하다. 오직 그분의 말씀에만 탁월한 권위가 있다. 그리고 성경은 그분의 말씀이다.

그러나 우리 인간은 권위를 혐오한다. 나 자신이 아닌 다른 누군가에게 복종하기를 좋아하지 않는다. 3장('자율성의 이면')에서 보았듯 우리는 세상에서 번성하기 위해 알아야 할 모든 것이 우리 안에 있다고 확신한다. 아담의 원죄는 교만한 지적 자기만족이었으며, 이에 대해 제임스 패커J. I. Packer는 "하나님의 말씀을 찾지 않은 채 모든 삶의 문제를 해결하는 능력"이라고 묘사한다.3) 패커가 말하듯 진정한 믿음이란 지적 자율성을 단념하고 "진정한 지혜의 출발점은 하나님의 말씀을 최종 권위로 받아들이는 자세"임을 인정하는 것이다.4) 만물의 척도는 인간이 아니다. 하나님이다.

하나님의 말씀이 가장 중요한 권위라는 데는 반론의 여지가 없다. 하나님의 말씀만이 유일무이한 권위라는 것이 아니다. R. C 스프로울Sproul이 지적하듯, '오직 성경sola Scriptura'이라는 종교개혁 표제의 참뜻은 성경이 그리스도인에게 유일한 권위라는 것이 아니라 유일하게 무오한 권위라는 것이다.5) 교황, 공회, 교회 전통, 목사, 박사학위를 가진 학자를 비롯한 모든 인간적 근원은 오류를 안고 있다. 그러나 성경은 무오하다. 하나님이 무오하시기 때문이다.

이 사실이 중요한 까닭은 일부 기독교 전통에서 성경의 권위를 다른 여러 권위와 동등하게 보기 때문이다. 예를 들어 로마가톨릭은 교회 전통을 성경의 권위와 동등한 위치에 둔다. 일부 자유주의 기독교인은 인간 이성을 성경과 동등한 권위에 두면서 현대의 가치와 주관적 해석이 성경의 의미를 궁극적으로 규정한다고 주장한다. 그러나 이 두 가지 접근 방식이 무너질 수밖에 없는 이유는 오류로 점철된 인간의 해석에 지나친 권위를 부여하기 때문이다.

거듭 말하건대 교회 전통이나 인간 이성이 무가치하다는 의미가 아니다. 다만 성경보다 낮은 자리에 있어야 하는 권위라는 것이다. 앞으로 우리가 지혜로워지게 도와줄 다른 여러 진리와 지식과 정보의 근원들을 살펴볼 텐데 이 모든 것을 성경과 비교하는 것이 중요하다. 성경만이 유일하게 무오한 진리의 근원이기 때문이다.

그러나 성경이 정말 무오한 책일까? 실수할 수 있는 인간이 기록한 책 아닌가? 얼핏 봐도 오류와 모순으로 가득하지 않은가? 이런 통념 탓에 우리는 성경을 궁극적인 인식론적 권위로 취급하는 데 거부감을 느낀다. 하나하나 충실히 반론하기에는 지면에 한계가 있다. 그렇지만 짧게나마 답하자면 필사자, 번역가, 해석자의 불완전함보다는 하나님의 무오성과 우리를 향한 본래의 메시지에 집중해야 한다는 것이다. 스프로울은 간결한 언어로 이렇게 표현한다. "정통 신앙이 성경의 무오성을 고백한다고 해서 인간 자체의 무오성을 고백하는 것이 아니다. 이 고백은 오히려 하나님의 온전하심에 대한 확신에 기초한다."[6]

정말 다행이다. 우리는 하나님을 신뢰하기 때문에 "하나님의 감동으로 된" 성경을 신뢰할 수 있다(딤후 3:16). 이는 우리의 확신이나 완전한 이해와는 관계가 없다. 우리를 향해 진리를 드러내실 뿐 아니라 성령의 능력으로 우리에게 통역해 주시는 하나님의 완전하심과 부요하심 때문에 가능한 것이다.

성령, 하나님의 통역가

고린도전서 2장에서 바울은 자신의 말과 메시지에 대해 이렇게 말한다. "설득력 있는 지혜의 말로 하지 아니하고 다만 성령의 나타나심과 능력으로 하여 너희 믿음이 사람의 지혜에 있지 아니하고 다만 하나님의 능력에 있게 하려 하였노라"(고전 2:4-5).

우리의 믿음은 하나님의 능력에 달려 있다. 우리가 그분의 말씀을 듣고 소화해서 믿음과 이해에 이르는 것은 온전히 그분의 능력에 달려 있다. 성경이 참되다고 믿을 만한 합리적인 이유가 여럿 있지만 "(성경의) 무오한 진리와 신성한 권위를 전적으로 승인하고 확신하는 것"은 궁극적으로 "우리 안에서 말씀에 힘입어 말씀을 통해 증언하시는 성령의 내적 역사"에서 비롯한다.[7]

성령은 "본문의 저자가 우리에게 본문을 열어 보이도록" 기록에 영감을 불어넣고 성경 읽기에 이해의 빛을 비춘다.[8] 제임스 패커는 이렇게 말했다.

성령의 도우심 없이는 성경의 메시지를 납득할 수 없을뿐더러 성경의 진리에 대한 확신, 성경의 하나님의 대한 믿음도 일어나지 않는다. 성령이 없으면 영적 아둔함과 불신앙만이 나타난다. … 하나님이 주신 교과서는 하나님이 주신 교사가 열어 보일 때까지 굳게 닫혀 있다.9)

바울이 고린도전서 2장에서 썼듯 하나님의 감춰진 지혜는 성령을 통해 우리에게 계시되며 "하나님의 일도 하나님의 영 외에는 아무도 알지 못한다"(고전 2:11). 칼뱅은 성령의 내적 증거에 대해 기술한 바 있다. 『기독교 강요Institutes』에서 그는 이렇게 말했다.

> 성경이 진리라는 확신은 인간의 추론, 판단, 이성보다 훨씬 높은 근원, 즉 성령의 은밀한 증언에 근거해야 한다. … 성령의 증언은 이성을 능가한다. 하나님만이 자기 말씀에 대해 제대로 증언하실 수 있기에 그 말씀이 사람들 마음에 받아들여지기 위해서는 먼저 성령의 내적 증거에 의해 확증되어야 한다.10)

이와 비슷한 맥락에서 조나단 에드워즈는 "참된 그리스도인은 영적 미각을 갖고 있는데, 이 미각은 하나님의 영으로 그들을 인도하고 분별력을 준다"고 설명한다.11) "영적 미각"은 하나님의 말씀에서 새로운 의미를 창출하지는 않지만 성경 독자에게 분별력을 더해 말씀을 바르게 읽고 적용하도록 인도한다. 에드워즈는 이에 대해 다음과 같이 말한다. "영적 미각은 부패한 정욕이 낳은 선입견을 뿌리 뽑고 생각을 올바른 방향으로 자연스럽게 인도한다. … 영적 미각은 하나님의 말씀에 빛을 비추고 참된 의미가 자연스럽게 마음에 떠오르게 한다. 이는 성화된 영혼의 성향과 기호, 그리고 하나님 말씀의 법에 담긴 참된 의미가 서로 조화를 이루기 때문이다."[12]

성경과 관련해 성령은 새로운 계시를 만드는 사역이 아니라 이미 계시된 내용을 밝히 드러내는 사역을 하신다. 누군가 성령께서 성경을 넘어서는 새로운 계시나 통찰을 주셨다고 주장한다면, 극도로 위험한 지경에 이른 것이다. 패커는 말한다. "성령은 허무맹랑한 영적 착각을 불러일으키는 분이 아니다. 성령은 성경이라는 유기체 안에 각 본문이 실제로 갖고 있는 의미만을 증언하신다."[13]

하지만 성경에 서로 어긋나다 못해 모순된 곳이 많다는 것은 어떻게 이해해야 할까? 성령은 하나님의 말씀을 이 사람, 저 사람에게 다르게 해석해 주시는 걸까? 육이나 사람이 아니라 성령의 인도로 이뤄지는 성경 읽기와 적용의 특징은 무엇일까?

성경을 제대로 다루기 위한 다섯 가지 원칙

성경을 제대로 다루려면 어떻게 해야 하는가는 방대하고도 중요한 주제다. 도움이 될 만한 제안이 많겠지만, 여기서는 지혜의 토대인 성경을 활용하기 위한 핵심 원칙 몇 가지를 정리해 보겠다.14)

1\. 성경은 삶의 모든 영역에 관해 이야기해야 한다

우리는 성경을 영혼의 상태에 대해 말하거나 윤리적 삶에 대해 조언하는 책 정도로 보곤 한다. 하지만 성경은 특정한 상황이 벌어졌을 때 떠올리는 많은 자료 중 하나가 아니다. 성경은 만유의 주님이신 하나님의 말씀이므로 우리 삶의 모든 것에 관해 이야기한다. 돈, 섹스, 가정, 예술, 과학, 정의, 정치 등 일일이 열거하기 벅찰 정도다. 성경을 다루는 올바른 태도는 우리가 누구이며 무슨 일을 하고 어떻게 느끼든 간에 성경이 우리 삶 모든 것에 대해 이야기해야 한다는 점을 인정하는 것이다. 여기에 더해 성경을 (과학, 철학, 경제학 등) 다른 학문에 위협받거나 경쟁하는 대상으로 여기는 것이 아니라, 성경이 이 세계의 신비를 밝히기 위해 이성과 어떻게 협업하는지 보아야 한다. 성경은 이 세상을 회피하는 법에 대한 매뉴얼이 아니라 하나님의 진리를 모든 삶 곳곳에 적용하도록 돕는 지혜의 책이다. 우리는 바이올라 대학의 모토처럼 "모든 것을 성경적으로 생각"해야 한다.15) 성경은 우리의 모든 지식 추구의 기초이자 동력이어야 한다.

2. 성경은 당신의 패러다임을 규정해야 한다

이런 생각이 들 수도 있다. '성경을 사랑하면 점점 지혜로워진다는데, 성경을 끼고 다니는 사람들이 더 미련하고 고약해 보이는 이유는 뭘까? 이들은 무지를 옹호하고 편견을 정당화하며 공포와 혐오를 지속하는 데 성경을 이용하는 걸까?' 그렇다. 이들은 성경을 '이용'하고 있다. 이들은 성경으로 변화 받기 위해 성경으로 나아오는 것이 아니다. 오히려 자신이 원하는 바를 얻기 위해 성경으로 나아온다. 이러한 현상은 정치권에서 늘상 반복된다. 양당에 속한 '기독교인'은 자신의 정치적 입장을 정당화하기 위해 어김없이 성경에 호소한다. 우리 삶도 별반 다르지 않다. 자신이 가지고 있는 패러다임을 옹호하는 본문은 좋아하지만, 그 패러다임을 위협하는 본문은 애써 무시하거나 대단찮게 생각한다. 그러나 단연코 최악의 경우는 우리가 성경에 맞추는 것이 아니라 성경이 우리에게 맞추도록 하는 것이다. 우리가 원하는 틀에 성경을 욱여넣지 않도록 늘 경계해야 한다.

3. 성경은 부분이 아니라 전체로서 가치가 있다

우리는 성경에 단편적으로 접근할 때가 종종 있다. 문맥에서 일부 구절을 가져와 이러저러한 입장을 변호하거나 특정한 주제를 거론하는 데 쓰는 것이다. 많은 설교자가 성경 전체를 면밀히 연구해 메시지를 파악하기보다는 설교의 요점을 뒷받침하기 위해 여기저기서 마구잡이로 성경구절을 끌어오면서 이런 관행이 자리 잡는 데 한몫을 담당했다. 그렇지만 맥락은 성경 연구의 핵심이다. 각 구절에 담긴 진리는 더 큰 맥락 안에서 바라볼 때 더욱 명징해진다. 성경의 능력을 최대한 활용하려면 성경을 하나의 큰 덩어리로 읽으면서 그 웅장한 내러티브를 알아야 한다. 성경은 응집력 있는 하나의 내러티브이지, 당신의 '#축복받은삶'을 위한 명언 모음집이 아니다. 그렇기에 선호하는 부분만 취사선택하거나 선호하는 특정 성경을 정경 내 정경으로 삼는 관행을 피해야 할 것이다(예를 들어 구약보다는 신약, 초자연적인 기적보다는 과학적으로 증명 가능한 것, 다른 구절보다는 붉은 글씨로 된 그리스도의 말씀 등을 우선시하는 경향). 프레임이 말했듯 "성경은 하나님의 인격적인 말씀이므로 모든 말씀에 권위가 있다. … 매력적이라든가 설득력이 있다든가 관련성이 있다든가 문화적으로 존중할 만한 구절에만 권위가 있는 것이 아니다."[16]

4. 성경은 예배와 순종을 이끌어 내야 한다

우리는 "말씀을 행하는 자가 되고 듣기만 하여 자신을 속이는 자"가 되어서는 안 된다(약 1:22). 우리가 말씀에 순종할 때 말씀은 우리 삶을 아름답게 변화시킬 것이다. 말씀은 우리 생각뿐 아니라 마음까지 변화시켜 주님을 더욱 사랑하고 신뢰하게 만든다. 우리는 성경을 읽으면서 저자이신 그리스도를 알게 되고 그리스도의 아름다움과 영광을 목격한다. 청교도 작가인 존 오웬John Owen이 말했듯이 "성경의 영광은 그것이 그리스도의 영광을 드러내는 위대하고도 유일한 외적 수단이란 점에 있다."[17] 그러므로 성경의 지혜는 예배와 사랑과 밀접하게 관련되어 있다. 우리는 예수님을 사랑하기 때문에 하나님의 말씀에 순종한다(요 14:21). 우리는 하나님의 말씀을 사랑하기 때문에 그분의 말씀을 행한다. 성경 안에서 보내는 우리의 시간은 기도의 시간과 짝을 이뤄야 하며, 하나님이 우리에게 말을 걸어 오실 때 우리는 사랑과 감사로 응답해야 한다. 지혜의 첫 단계가 하나님을 경외하는 것이라면, 두 번째 단계는 아우구스티누스가 썼듯 우리의 마음을 "경건함으로 다스리고 성경을 거스르지 않는 것이다. … 우리는 그곳에 기록된 것이 무엇이든 우리 자신의 지혜로 생각할 수 있는 그 무엇보다 훌륭하고 진실하다는 점을 생각하고 신뢰해야 한다."[18] 우리가 우리의 본능보다 하나님의 말씀에 감사하고 이를 좇을 때, 즉 "마음을 다하여 여호와를 신뢰하고 네 명철을 의지하지" 않을 때 진실로 지혜는 우리에게 온다(잠 3:5).

5. 성경은 완전히 이해되지 않아도 된다

성경 연구를 통해 지혜를 얻으려면 깊은 지적 겸손이 필요하다. 우리가 다루고 있는 전능하신 하나님의 말씀은 고대 문화권에 속한 저자에게 계시되었다. 우리가 성경 내용을 남김없이 이해한다거나 성경 속 모든 역설과 신비에 대한 답과 해결책을 알고 있다고 자부한다면, 뭔가 잘못되고 있다는 징후다. 성경의 모든 신비와 모순을 말끔히 밀어 버릴 수 있다는 사고방식은 오만하고도 위험하다. 이런 태도는 종종 이단으로 빠지기도 한다. 하나의 공식으로 삼위일체, 성육신, 속죄를 비롯한 여러 난해한 교리를 설명하겠다는 학자들을 조심해야 한다. 때론 "잘 모르겠어"라고 대답하는 것이 훨씬 건강한 접근법이다. 그렇게 한다고 해서 뇌를 정지시키고 두 손 들어 신학적 모호함을 대충 용인하겠다는 의미가 아니다. 성경의 난해함은 우리를 평생 학습자로서 보다 엄정히 탐구하고 보다 깊고 넓게 연구하도록 인도한다. 이는 하나님이 알고 계신 모든 것을 우리가 알아야 하기 때문이 아니라, 말씀에 더욱 깊이 잠길수록 그분의 아름다운 존재 곁으로 가까이 다가가기 때문이다. 프레임이 말한 바와 같이 "우리는 성경의 모든 것을 알 수 없지만 하나님의 은혜에 힘입어 많은 것을 깨닫는다. 그리고 우리가 깨달은 것은 우리 삶의 토대이자 사나 죽으나 우리의 위로가 된다."[19]

소중한 선물

오늘 아침 나는 11개월 된 아들 쳇Chet을 무릎에 앉힌 채 성경을 읽었다. 이리저리 꼼지락거리면서 얼마나 산만하던지. 쳇은 말씀을 듣기보다는 성경책을 먹거나 찢으려고만 했다 (아이러니하게도 몇 주 전 잠언 23:15인 "내 아들아 만일 네 마음이 지혜로우면 나 곧 내 마음이 즐겁겠고"를 읽는데, 쳇은 그 페이지를 확 찢어 버렸다). 오늘 아침 아들이 씰룩씰룩 움직이는 상황에서도 나는 말씀을 읽으면서 감사한 마음이 북받쳐 올라 눈물이 났다. 성경은 참으로 소중한 선물이다!

이 말씀을 아들에게 읽어 줄 수 있다니 얼마나 큰 선물인가. 내 아버지께서 내게 읽어 주셨던 말씀이자 수많은 세대의 아버지와 어머니가 자녀들에게 읽어 준 말씀 아닌가. 하나님의 말씀이 물리적인 책이 되어 내 무릎 위에 놓여 있다니, 내 아버지의 성경책처럼 세월을 따라 뭉툭하게 닳고 쪽마다 밑줄의 흔적이 가득하다니 얼마나 큰 선물인가. 굴곡진 인생길 가운데 성경은 날마다 돌아가 쉴 수 있는 소중한 피난처다. 허위로 인해 진절머리 나고 거짓 정보가 사방을 둘러싼 이 세상과 우리의 거짓된 마음 안에 무오하고 거룩한 진리의 근원을 가질 수 있다니 얼마나 큰 선물인가.

침묵하실 수 있었음에도 우리에게 자신에 대해 말씀하기 위해 하나님이 이처럼 자신을 드러내신 것이 얼마나 놀라운 일인지 잠시 생각해 보자. 동료인 맷 스메서스트Matt Smethurst가 말했듯이 하나님은 우리를 무지하고 자격 없는 죄인인 상태로 내버려 둘 수 있으셨다.

> 그러나 하나님은 그렇게 하지 않으셨다. 그분은 장막을 걷어 올리셨다. 그리고 거룩한 입을 떼셨다. 하나님에 대한 참된 지식은 우리를 향해 자신을 드러내시는 그분의 관대함에 달려 있다. 그분의 말씀을 통해서만 그분이 누구이시며 어떤 분인지, 무엇을 추구하시는지, 그리고 그분을 어떻게 알아 가야 하는지 발견할 수 있다. 이 사실이 우리를 더욱 겸손하게 만든다. 당신이 간직하고 있는 성경은 하나님이 당신을 사랑하시고 당신과 교제하길 바라신다는 데 대한 증거다. 당신이 누구이며 그분의 사랑을 얼마나 외면해 왔든지 간에 그분은 여전히 당신을 향해 나아가시고 여전히 당신에게 말을 거시며 여전히 당신과 친구가 되려 하신다.
> 바로 이 책을 통해서.[20]

놀랍지 않은가? 한 책을 통해 드러난 하나님의 은혜로운 자기 계시는 시편 19편에 나오는 감사와 찬양을 우리 안에 날마다 불러일으켜야 한다. 하나님의 말씀은 영혼을 소성시키고 우둔한 자를 지혜롭게 하며(7절), 마음을 기쁘게 하고 눈을 밝히며(8절), 순금보다 탐스럽고 꿀보다 달콤하다(10절). 우리는 존 웨슬리John Wesley의 열정을 마음에 새겨야 한다. 그는 이렇게 말했다. "아, 내게 그 책을 주소서! 어떤 대가를 치러도 좋사오니 내게 하나님의 책을 주소서!"[21]

우리는 성경을 이처럼 소중히 여기고 있는가? 시편 저자가 썼듯 성경을 기뻐하고 주야로 묵상하여 바람에 날리는 겨가 아니라 시냇가에 심은 나무처럼 힘차게 자라 열매 맺고 있는가? 존 오웬이 통찰했듯 한 사람의 영적인 생명력은 성경을 향한 건강한 욕구를 보면 알 수 있다. "당신에게 하나님의 말씀을 읽고 싶은 욕구가 없다면, 영적 생명이 최악의 상태에 있다는 뜻이다."[22] 성경이라는 "꿀보다 달콤한" 일용할 양식을 향한 갈망과 함께 아침을 맞이하는가? 수천 년 동안 수십억 명을 먹여 살린 성경, 하나님이 주신 영양소로 가득한 이 책을 간절히 찾고 있는가? 아니면 스마트폰이라는 자판기로 가서 구미에 당기는 중독적인 간식을 뽑아 끼니를 때우고 있는가?

참담하게도 우리의 지혜 피라미드는 거꾸로 서 있을 때가 많다. 맨 아래층, 즉 기초에 자리해야 할 하나님의 영원한 말씀이 제일 위층, 즉 가장 드물게 손대는 곳으로 밀려나 있다. 그 사이에 제일 위층, 가장 드물게 손대는 자리에 있어야 할 덧없는 인간의 말(예를 들어 소셜 미디어)이 도리어 기초를 잠식해 버렸다. 그러면서 우리는 왜 우리가 점점 미쳐 가는지 의아해 한다.

하지만 그런 우리를 위해 성경을 주신 하나님께 감사하자.

성경이란 보물은 묻어 감출 수 없다. 인류가 가장 신뢰할 만한 진리의 보고는 쉽게 찾을 수 있다. 호텔 방에도 있다. 앱스토어에도 있다. 아마존에서도 판다. 당신 책장에도, 할머니의 서재에도 꽂혀 있다.

펼치라. 다운로드하라. 읽으라. 소중히 여기라. 순종하라. 지혜로워지라.

토의를 위한 질문

1) 성경을 중심으로 일상을 사는 데 도움이 되었던 습관이나 삶의 리듬이 있다면 나눠 보자.

2) 성경 읽기와 연구에 활기를 불어넣거나 성경을 더 재미있고 친근하게 만들어 준 자료(책, 주석, 영상, 팟캐스트 등)가 있는가?

3) 당신이 성경에 맞추는 것이 아니라 성경이 당신에게 맞추도록 하는 것은 어떤 것일까? 후자의 예를 본 적이 있는가? 이러한 자세의 문제점은 무엇인가?

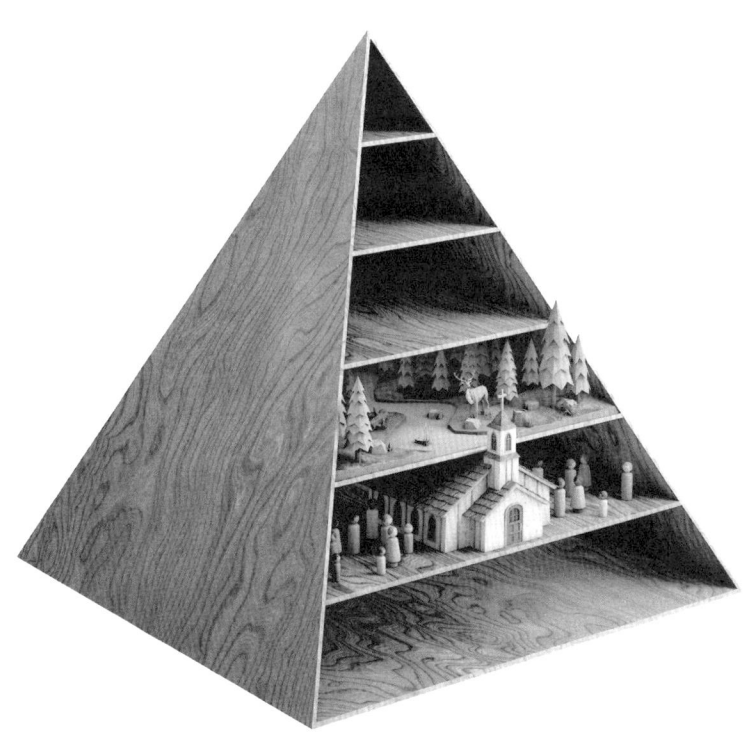

교회

서로 돌아보아 사랑과 선행을 격려하며
모이기를 폐하는 어떤 사람들의 습관과 같이 하지 말고
오직 권하여 그 날이 가까움을 볼수록 더욱 그리하자
히브리서 10:24-25

최근 교회와 관련한 헤드라인을 장식하는 단어가 있다. '떠남 leaving'이 그것이다. 기사에 따르면 서구 문화권 사람들, 특히 젊은이들이 교회를 떠나고 있으며 영적 탐구에 교회가 불필요하거나 비생산적이라고 여긴다고 한다.

왜 그런지 납득이 간다. 교회에는 죄인과 미숙한 사람이 가득하기에 온갖 문제가 터져 나올 수밖에 없다. 사람과 사람 사이의 갈등, 리더의 스캔들, 위선, 권위의 남용, 교회 내 성폭력 문제, 비리의 은폐, 사회적 불의에 대한 무관심, 소외된 사람에 대한 냉대, 당파 정치에 지나치게 가까운 신앙 등 문제가 차고도 넘친다. "오늘 하루도 긍정적으로 good vibes only"를 표방하는 젊은이 다수는 기술 문명에서 나고 자랐다. 거추장스럽고 성가신 것은 걸러내는 문화에 익숙하다. 그런 사람들에게 교회와 그 안에서 좌절감을 주는 각양각색 구성원은 문제의 온상처럼 비치기 십상이다.

게다가 현대 그리스도인 대다수가 공동체보다는 개인주의(예수님과의 개인적 관계)를 강조하는 신앙관 속에서 자랐다. 기독교가 기껏해야 예수님과 개인 사이에 벌어지는 일이라면 교회를 떠나는 문제도 정당화하기 쉽다. 그들의 논리는 이렇다. 교회가 개인의 영적 행보에 무언가를 더해 준다면 좋은 일이다. 반대로 교회가 번거롭거나 장애가 된다면 그냥 버리면 그만이다. 교회를 사랑하지 않아도 얼마든지 예수님을 사랑할 수 있지 않은가?

물론 오늘날 세상에서 교회는 일단 '패스'해야 할 대상처럼 보이지만, 사실 교회는 안정과 성장을 위해 없어선 안 될 보금자리가 될 수 있다. 교회는 어리석은 우리가 외면하기 쉬운 공동체와 성령의 지혜를 간직한 보물창고다. 하나님의 백성인 교회는 성경 다음으로 신뢰할 만하고 변화를 일으키는 지혜의 근원이다. 지혜가 종적을 감춘 이 시대에 교회의 지체가 된다는 것은 이천 년을 거쳐 세계 곳곳에서 자라고 있는 그리스도의 몸에 합류한다는 뜻이다. 이것은 폭풍우가 몰아치는 바다에서 등대를 발견하는 것과 같다. 그리스도를 중심에 둔 신실한 교회와 이곳에서 펼쳐지는 지혜의 예배는 디지털 시대의 격랑에 허우적거리는 사람들에게 피난처가 되고 있다. 그것은 분명히 나를 위한 것이다. 주일이 돌아올 때가 되면 나는 그런 공동체와 예배를 간절히 소망하게 된다. 한 주 내내 스크린을 통해 사람들과 만나던 방식을 접고 몸과 얼굴을 맞대는 공동체를 간절히 바란다. 종잡을 수 없고 허망한 소셜미디어의 소음에서 벗어나 영원을 들여다보는 예배의 공간으로 가기를 간절히 바란다.

이 혼란하고 무질서한 시대에서 교회를 떠나기보다는 교회로 달려가야 한다. 여기에는 몇 가지 이유가 있다.

개인주의 시대, 공동체의 지혜

성경에서 들려오는 하나님의 음성이 영원한 지혜의 음성이라면, 성경을 아는 것은 곧 지혜를 아는 것과 같다. (앞 장에서 살펴보았듯) 성경이 모든 지혜 식단의 절대적인 기초인 이유가 이것이다. 성경은 유일하고도 완전한 진리의 근원이다. 그러나 성경을 잘 안다는 말 속에는 '공동체 안에서' 안다는 의미가 내포되어 있다. 교회가 그토록 중요한 이유 중 하나가 이것이다. 물론 우리는 교회와 절연하고 혼자 힘으로 성경을 읽고 누릴 수 있다. 안타깝게도 세계 어떤 곳에서는 이렇게 할 수밖에 없을 것이다. 그러나 고대에 기록된 성경이 현대 독자에게 쉽게 이해될 리 만무하며, 개인주의에 치우친 해석("나에게 주는 의미는 무엇인가?")은 자칫 정도를 벗어난 결과를 낳을 수 있다.

교회는 해석 공동체다. 교회 역사와 다양한 정치 구조(교단, 당회, 교인) 안에서 축적된 집단 지식은 가드레일처럼 그릇된 신학으로의 일탈을 막아 준다. 교회는 '나와 예수님'만 생각하는 접근법보다 더 깊은 방식으로 하나님의 진리를 이해하고 적용하게 돕는다.

탈진리의 시대는 개인의 자아야말로 진리에 대한 최고의 근원이라고 여긴다. "마음의 소리를 따르라", "당신의 진리대로 살라"고 외치는 것이다. 3장에서 보았듯 자기 자신을 제외한 외적 권위에 대해서는 의심부터 하기 마련이다. 더군다나 우리는 위험천만하게도 "만물보다 거짓되고 심히 부패한"(렘 17:9) 마음을 따르다가 불안한 감정에서 오는 충동과 자기모순의 노예가 된다. "네 뜻대로 살라"는 말은 도덕 경찰과 따분한 제도 등의 구속하는 한계로부터 자유를 누리라는 말로 들린다. 하지만 현실에서 이는 오히려 부담이다.

선뜻 받아들이기는 어렵지만, 아무리 교회가 못 미덥더라도(다들 이 유혹에 넘어지고 만다) 교회에 헌신할 때 당신은 자유를 누릴 것이다. 교회 공동체는 자기 집착에서 오는 무게감에서 당신을 자유롭게 한다. 교회 공동체는 당신과는 다른 사람들과 함께 더 큰 공동체의 일원이 되도록 당신을 자유롭게 한다. 나를 지지하기만 하고 도전하지 않는 사람들, 즉 마음 맞는 사람들만 만나고 싶다는 허상, 내 편견을 더욱 공고히 하는 이 허상으로부터 당신을 자유롭게 한다. 교회 공동체는 내 삶이 오롯이 내 책임이라는 부담으로부터 당신을 자유롭게 한다. 당신은 무엇을 믿고 있는가? 당신은 어떻게 예배드리고 싶은가? 당신은 어떻게 성경을 해석하는가? 당신은 어떻게 살 것인가? 우리가 이 수많은 질문에 답해야 하는 유일한 권위자라면 지혜로워지는 것은 애당초 불가능할 것이다.

교회 공동체로 사는 것은 만만치 않은 일이지만 성장을 위해 필요한 일종의 도전과 같다. 교회 공동체에서 우리는 얼굴을 맞대고 만나 "서로 돌아보아 사랑과 선행을 격려"한다(히

10:24). 성령이 일으키는 변혁의 공동체에서 각 지체에게 은사가 주어지고 이들은 한 몸을 이루어 간다(고전 12장). 아울러 공동체는 미처 보지 못한 우리의 미숙한 점을 깨닫도록 도와준다. 우리는 그리스도를 본받아 그분처럼 말하고 살며 걷는 공동체를 본으로 삼는다.

혼자 가는 데에는 한계가 있다. 당신이 스스로 세운 권위에 대해서만 책임지려 한다면 결국 영적인 질병을 앓게 될 것이다. 지혜로운 사람이 되려면 공동체가 필요하다. 여러 형태의 공동체가 도움을 줄 수 있다. 구체적으로 혈연 가족, 친구, 전문가 집단, 시민연합, 잉클링스(C. S. 루이스와 J. R. R. 톨킨을 주축으로 한 문학 토론 모임-옮긴이) 같은 지적 공동체 등이 힘을 보탤 수 있다. 이러한 공동체는 일정 수준의 책임을 분담하고 힘을 불어넣어 줌으로써 우리가 더 지혜로워지도록 도울 것이다. C. S 루이스가 밝혔듯 "현명해지는 지름길은 현명한 사람과 어울리는 것이다."[1]

지혜로운 사람을 곁에 두라. 불편하더라도 공동체에 자신을 던지라. 어떤 공동체라도 혼자서는 이를 수 없는 지혜의 지경으로 당신을 인도할 것이다. 그러나 교회 공동체만의 다른 점이 있다. 교회 공동체는 한 몸을 이루어 거룩함을 추구하고, 자기 자신을 즐기기보다 하나님께 영광을 돌리는 데 헌신하기 때문이다. 이 공동체는 건강한 지혜 식단에 맞게 귀한 영양분을 제공할 수 있다.

내가 중심인 시대, 하나님을 중심에 두는 지혜

매주 드리는 교회 예배는 우리 삶이 하나님과 그분의 지혜를 지향하게 한다. 아이월드iWorld, 즉 나 중심의 세계는 매순간 우리가 우리 자신에 취하게 만들지만, 교회는 더 크고 웅장하고 호소력 있는 무언가를 찬양한다. 모두가 스타덤에 오르거나 '좋아요'를 받는 데 안달 난 나르시시즘의 시대에 교회는 우리를 겸허한 자리로 데려와 우리에게 일침을 놓는다. "중요한 것은 당신이 아닙니다. 하나님이지요. 물론 교회는 당신을 환영하고 원합니다. 이 몸에서 차지하는 당신의 역할은 중요합니다. 당신은 이 이야기의 일부입니다. 그러나 스타는 하나님이지 당신이 아닙니다." 참으로 자유롭고 아름다운 고백이다!

건강한 교회는 철저히 내가 아닌 하나님만이 중심이라고 선포한다. 트레빈 왁스Trevin Wax는 이렇게 말한다.

> 표현적 개인주의는 우리의 마음속을 깊이 들여다보게 함으로써 내적 본질을 발견하고 이를 세상을 향해 표현하게 한다. 그러나 복음은 다르다. 복음은 우리 마음속 깊이 뿌리내린 죄의 참상을 적나라하게 드러낸다. 우리에게 필요한 건 한낱 표현이 아니라 구원이라고 외친다. 이 세상은 네 안을 들여다보라고 말하지만, 복음은 위를 올려다보라고 외친다.

표현적 개인주의가 팽배한 이 사회에서 복음의 메시지는 기존 문화를 역행한다.[2]

안이 아닌 위를 보라. 자기표현이 아니라 구원에 집중하라. 이 메시지야말로 교회가 나 중심적 시대에 던지는 급진적인 대안이다. 시시각각 변하는 세계에서 교회의 예배는 우리를 고요하게 한다. 귀가 따가울 정도로 말하기를 속히 하는 세상에서 교회의 예배는 우리가 가만히 앉아 들으며 선포된 하나님의 말씀과 지혜를 누리게 한다. 각종 소셜 미디어, 블로그, 유튜브에서 자기 자신에 대해 쉴 새 없이 떠벌리는 이 세상에서 교회의 예배는 하나님을 향해, 하나님에 대해 이야기하게 한다. 우리는 우리를 향한 하나님의 성품과 사랑과 긍휼을 노래한다. 이것을 예전과 신조와 기도 속에 담아 선포한다. 우리는 성경 봉독, 설교, 세례, 성만찬, 신앙고백, 찬양 등을 비롯한 반복적 의식 가운데 하나님의 이야기에 의해 빚어진다.

지혜는 어떤 개념이 아니다. 지혜는 시간과 에너지의 방향성이자, 때론 무의식의 단계에서 마음을 형성하는 자세다. 가령, 기도는 지혜를 얻는 핵심 습관 중 하나다. 지혜를 얻는 것은 지혜를 구하는 것과 다름없다고 성경에서 말하기 때문만이 아니다. 기도의 자세 자체가 지혜를 함양하기 때문이다. 모든 기도는 '네 안을 들여다보라'는 우리 시대의 논리를 정면으로 반박한다. 기도한다는 것은 우리 안에 답이 없음을 자인하는 것이다. 우리에게는 복잡다단한 문제를 해결할 만한 지혜가 없다. 겸손한 자세로 지혜를 주시는 하나님께로 돌이켜(잠 2:6) 만사에 그분의 인도를 구해야 한다. 우리는 오직 그분만을 의지해야 한다.

교회는 우리가 시대의 풍조에 대항하는 습관을 익히게 돕는다. 대표적인 예가 기도다. 우리는 이러한 습관을 무시한 채 우리를 미련하게 만드는 세태에서 헤어나지 못한다. 마크 세이어즈Mark Sayers는 『다시 나타나는 교회Reappearing Church』에서 이렇게 말한다.

> 살갗을 맞닿지 못하는 고립의 시대에 기독교 공동체는 살과 몸으로 구현될 수 있음을 느끼고 있는가? 불안과 정신적 피로가 팽배한 시대에 기도와 명상, 묵상 등 부요한 유산들이 기진맥진한 뇌를 치유할 수 있음을 느끼고 있는가? 사회가 분열하고 문화가 양극화되는 시대에 성찬대에 임재하는 강력한 힘을 이해하고 있는가?[3]

나는 교회력을 보면서 중요한 사실을 발견했다. 교회력이 한 해 동안 자아내는 일정한 시간의 리듬은 체계가 없는 시대에 일관된 질서를 부여한다는 것이다. 오늘날 시간은 뉴스에서 떠들썩하게 이야기하는 것이나 해시태그와 함께 홍보되는 기념일이나(예를 들어 #국제여성의날, #세계책의날 등) 지름신이 강림하기 좋은 상업적인 휴일(발렌타인데이, 어린이날, 어버이날 등)을 중심으로 형성된다. 그러나 기독교 전통의 시간은 하나님과 그분의 이야기를 중심으로 살게 한다. 대림절은 그리스도의 성육신을 묵상하면서 기다림과 기대감을 품는 시간이다. 성탄절은 이 땅에 오신 그리스도라는 선물을 기뻐하는 축제의 시간이다. 사순절은 그리스도의 희생을 기억하기 위해 우리 마음을 준비시키는 단순함과 묵상의 시간이다. 세족목요일, 성금요일, 성토요일, 부활절 주일은 기독교 교회력에서 절정을 차지한다. 애석하게도 그리스도인 대다수는 '세속적 성일'인 추수감사절, 블랙 프라이데이, 스몰비지니스 새터데이Small Business Saturday(블랙 프라이데이와 사이버 먼데이 사이에 있는 토요일로서 소상공인을 위한 날-옮긴이), 사이버 먼데이Cyber Monday(추수감사절 연휴 이후 첫 번째 월요일로서 미국 최대 온라인쇼핑 할인 행사가 진행되는 날-옮긴이)에 더욱 익숙하다.

고대 교회력의 리듬과 지역 교회에서 매주 드리는 예배의 리듬은 우리 삶에서 현 세태의 풍조를 거스르는 강력한 파장이 될 수 있다. 만사가 그렇듯 이 리듬의 본질은 규칙성과 습관이다. 어쩌다 한 번, 혹은 편의를 따라 교회에 나가는 것으로는 우리를 변화시키지 못한다. 매주 교회에 출석해 나 중심적인 삶에서 벗어나게 하는 훈련에 몰두한다면, 지혜를 상실한 시대 한가운데서 영적인 온전함을 유지하는 경이로운 일이 펼쳐질 것이다.

한계 없는 시대, 한계를 아는 지혜

무엇이든 가능하고 과유불급을 모르는 시대 속에서 병들고 아둔해지는 우리에게 교회가 줄 수 있는 최고의 선물은 집중과 기초 공사와 한계다.

아카데미상을 수상한 영화 촬영감독 엠마누엘 루베즈키 Emmanuel Lubezki는 이런 말을 남겼다. "예술은 제약으로 이루어진 셈이에요. 아무 제약도 없다면 오히려 미쳐 버릴 게 분명해요. 모든 게 가능하니까요."4) 이런 정서는 일반적인 삶에 적용해도 무방하다. 저 문장에서 "예술"이란 말에 "삶"을 대입해도 전혀 문제가 없다. 삶에서 모든 것이 가능하면 우리는 정말 돌아 버릴지 모른다. 어디를 볼지, 어디를 갈지, 무엇을 신뢰할지, 어떤 길을 선택할지 종잡을 수 없을 것이다. 모든 방향이 가능할 때 결국 아무 데도 가지 못한다. 바로 이곳에 교회가 존재한다. 교회는 책임과 한계의 공동체로서 헌신하는 이들을 진정 자유롭게 한다.

제 기능을 발휘할 때 핵가족 역시 이런 역할을 감당한다. 가족은 우리의 첫 번째 공동체요, 인생에서 가장 친밀하고 오랜 시간을 함께 보낼 교사다. 형태와 규모도 다양하고 건강 수준도 각기 다르지만, 이 소규모 공동체는 우리를 형성하는 데 가장 큰 영향을 끼치는 사람을 대표한다. 누군가의 가족은 하나님이 주신 한계라는 선물이다. 우리는 아무런 목표나 소속 없이 이 세상을 떠도는 자율적 행위자가 아니라, 선택하지 않은 사람들로 이뤄진 특정 그룹 안에 뿌리를 내리고 얽혀 살면서 빚어지는 존재다. 우리에게 주어진 가족은 우리가 소중히 여기고 지켜야 할 선물이다. 특히 지역 구성원보다 '세계 시민'이 더 매력적으로 느껴지는 시대 속에서는 더욱 그러하다.

지역 교회의 가족으로 헌신한다는 것은 주어진 핵가족 안에서 자기 자리를 받아들이는 것과 같이 이 특별한 가족, 이 특별한 장소, 이 특별한 하나님 나라의 전초기지에 헌신하는 것을 의미한다. 그것은 한계 없는 선택의 장을 좁히는 것이다. 그러나 이 한계는 우리 세계를 움츠러들게 하기보다는 도리어 자유롭게 한다. 하나의 교회에 정착해 뿌리내리고 책임을 다할 때 우리는 영적이고 관계적인 안정감을 찾을 수 있으며 이는 인생의 숱한 변수를 줄여 준다. 우리가 뿌리내리고 성장하고 열매 맺을 땅의 경계를 제공받는 것이다. 좋은 기회를 놓치고 싶지 않은 마음에 이곳저곳을 빠르게 옮겨 다니다가는 어느 곳에서도 열매를 맺지 못할 것이다.

교회는 도덕적 한계를 규정해 준다. '모든 것이 가능하다'는 윤리관 안에서는 보는 사람의 시선에 따라 옳고 그름이 결정된다. 교회는 그러한 부담에 짓눌리지 않는다. 교회는 성경과 해석 전통의 인도를 받아 무엇이 분명히 옳고 무엇이 옳지 않은지, 그리고 그 사이 회색지대를 어떻게 탐색해야 하는지 명징하게 드러낸다. 교회가 제공한 명료한 경계들은 우리에게 선물이지만 무엇보다 우리가 그것을 기꺼이 수용해야 한다.

배우 크리스 프랫Chris Pratt은 헐리우드에서 교회에 출석하는 흔치 않은 그리스도인이다. 레즈비언 배우인 엘렌 페이지 Ellen Page(최근 남성으로 성전환해 엘리엇 페이지라는 이름을 쓰고 있다—옮긴이)는 성소수자에게 반대하기로 악명 높은 교회에 출석한다는 이유로 크리스 프랫을 비판했다. 자신의 교회가 갖고 있는 성 윤리관으로부터 거리를 두면서 그는 이렇게 대답했다. "신앙은 내게 중요합니다. 하지만 교회가 나와 내 삶을 규정하는 건 아니에요. … 내가 갖고 있는 가치관이 내가 누구인지 규정하죠."[5]

교회의 입장과 개인의 가치관이 충돌할 때 개인의 가치관이 우선한다는 이 접근법은 애석하게도 이미 흔한 통념이 되었다. 교회가 자율적 개인에게 은혜로운 한계이자 보다 높은 권위로 기능할 수 있음에도 사람들은 이런 선물을 거부한다. 내 가치관이 수백, 수천 년 동안 지속된 교회의 가르침보다 더욱 신뢰할 만한 진리의 근원일까? 그렇게 생각한다면 교회란 그저 우리 이익을 위해 존재하는 소비재로 전락할 뿐이다.

현실은 그렇지 않다. 교회가 진리의 보고인 이유는 우리가 원하는 이익을 위해 존재하지 않기 때문이다. 교회는 통속적인 이데올로기에 동의하기 위해 존재하지 않는다. 교회는 너도나도 외치는 진정성을 긍정하기 위해 존재하지 않는다. 교회는 누군가의 감정을 상하게 할까 봐 진실을 감추지 않는다. 교회는 신실하고 거룩한 예수님의 제자를 길러 내어 하나님께 영광을 돌리기 위해 존재한다. 이런 단순성을 받아들이고 헌신한다면, 한계 없는 시대 속에서 자유를 얻게 될 것이다.

몸이 사라진 시대, 몸된 공동체가 주는 지혜

오늘날 어리석음이 양산되는 주된 이유는 우리가 점점 더 비물리적인 공간에서 육체와 분리된 채 살기 때문이다. 어디로든 끌려다니지만 어디에도 뿌리내리지 못한다. 소셜 미디어는 관심을 채찍질한다. 순식간에 우리는 워싱턴 D. C.에서 벌어지는 구설에 빠져든다. 그러다 피지에서 찍은 친구의 사진을 보고 이어서 홍콩의 정치적 불안에 관한 헤드라인을 본다. 우리는 한 장소에서 다른 장소로 널뛰기를 하지만 그 어디에도 직접 발을 디디지 않는다. 트위터를 채우는 온갖 불만과 인터넷 생활에서 헤어날 수 없게 만드는 무미건조한 논쟁 속에 정신 팔려 우리는 직접 맞부딪치는 지역 사람들과 문제들을 외면한다.

디지털 시대를 사는 우리는 소셜 미디어 이용자들과 연결되어 있다는 환상을 품고 있지만, 겹겹이 두른 허울과 필터 뒤에서 고독감과 외로움을 느낀다. 여러 사건과 화제에 연루

되어 있다고 느끼지만, 해시태그 운동의 한계로 인해 좌절한다. 소셜 미디어나 뉴스 사이트는 좋은 소식보다는 나쁜 소식에 집중한다. 이들을 통해 세상 '밖'에서 벌어지는 문제를 계속해서 접하다 보면 세상의 어두움에 대한 종말론적 인상을 갖게 되고 이로 인해 분노하고 우울해질 뿐이다.

  인류 역사에서 대중 매체가 등장한 건 한 세기 전이었다. 그 이전에 인간들은 주변에서 일어나는 문제와 씨름했다. 먼저는 가족, 친족, 농장, 그 다음으로 마을이나 보다 큰 공동체, 마지막으로 지역사회나 국가에서 생긴 문제와 싸웠다. 문제는 일상다반사였고 그것만으로도 감당하기 벅찼다. 오늘날 우리는 우리 가까이 있어 손에 닿는 공동체에는 시간을 쓰지 않는 편이다. 우리 곁을 살아가는 이웃이 있고 우리가 직접 해결할 수 있는 문제들이 있지만 우리는 지구 반대편으로부터 날아온, 손에 닿지 않고 논쟁적이기만 한 헤드라인을 좇는 데 더 많은 시간을 허비한다. 전 지구적으로 확장된 우리의 의식은 지역사회를 위한 행동의 여력을 고갈시킨다. 물론 세상을 바라보는 시야를 넓히는 것에도 나름의 의미가 있지만, 지역이라는 한계에 집중할 때 지혜가 자랄 수 있다.

  그렇기 때문에 지역 교회는 육체성을 상실한 우리에게 하나의 타개책이 될 수 있다. 교회는 우리가 손에 닿는 지리적 현실에 뿌리내리도록 인도하고, 우리에게 뇌뿐 아니라 몸이 있음을 일깨워 준다. 우리는 스크린을 매개 삼아 정보를 거래

하는 것이 아니라 실제 장소에서 몸과 몸을 마주하고 소통하라고 지어졌다. 몸과 몸이 분리된 외로운 세상에서 교회는 아름다운 대안을 제시한다. 그것은 바로 육화된 공동체다. 이곳에서는 온라인에서 사용하는 필터가 사라지고 민낯이 그대로 드러난다. 이곳에서는 우리의 아픔과 연약함을 감추기 어렵다. 그렇기에 마음과 영성과 육체의 치유가 일어날 수 있는 곳이다. 이곳에서 당신은 물리적인 활동을 함께한다. 노래하고 일어나고 앉고 무릎 꿇고 껴안고 어색함을 이겨 내어 악수를 하고 성만찬을 위해 함께 먹고 마신다.

  의미심장하게도 예수님은 자신을 기념하는 중요한 의식으로 식사를 하게 하셨다. 그분은 제자들에게 이렇게 말씀하실 수도 있었다. "나에 대한 생각을 기념하라. 나에 관한 신학적 개념을 머릿속으로 기념하라." 하지만 그분은 그렇게 하지 않으셨다. 그분은 진짜 떡을 떼고 포도주를 잔에 붓고 제자들에게 "이것을 행하여 나를 기념하라"고 이르셨다(고전 11:24). 들고 먹으라. 들고 마시라. 몸이 움직인다. 예수님은 단지 생각의 차원에서 우리와 교제하길 원하지 않으신다. 그분은 우리가 그분과, 그리고 곁에 있는 지체들과 '몸을 지닌 존재'로 교제하기를 바라신다. 예수님은 피와 살을 가진 사람으로 성육신하셨으며 우리 곁에서 걷고 말씀하고 드셨다. 하나님은 구원에 필수적인 5대 교리를 파워포인트로 정리해 우리에게 보내기만 할 수도 있으셨다. 그러나 하나님은 그런 분이 아니다. 그분은 한 사람을 보내셨다. 바로 육신을 입은 하나님이 우리의 소망이 되신 것이다.

물리적이고 만질 수 있으며 육신을 입은 교회는 디지털 유령이 된 우리에게 안식처가 될 수 있다. 이상하고 냄새나고 나와 맞지 않는 사람과는 선뜻 악수하거나 포옹하기가 쉽지 않다. 그런 수백 명의 사람과 교회에서 한 몸을 이루는 것은 불편하기 짝이 없는 일이다. 그럼에도 몸된 교회를 경험하는 것은 고독한 디지털 시대 속에서 지혜와 소망을 주는 강력한 부스터샷이 될 것이다.

변화를 거듭하는 시대, 지속성이 주는 지혜

우리는 새로움이 끊임없이 양산되는 시대를 살고 있다. 2장에서 보았듯 디지털 피드는 속보 헤드라인, 핫한 영상, 최신 밈을 통해 지금 무슨 일이 일어나는지 눈앞에 펼쳐 보여 준다. 아쉽지만 모두 순식간에 일회성으로 끝난다. 과거와 미래는 애당초 관심 밖이다. 이러한 식단으로는 지혜를 얻을 수 없다. 최신(나오자마자 구닥다리 신세가 되는) 철학, 패션, 유행 따위에 빠져 갈팡질팡하게 될 뿐이다. 더군다나 역사와 전통에서 유리된 채 살다 보니 언제든 우리 머릿속을 점령하려는 장사꾼들의 꾐에 넘어가기 일쑤다. 파편화되고 단절된 삶을 위한 식단인 것이다.

교회의 일원이 되는 데서 오는 미덕이자 교회가 우리 세대에게 줄 수 있는 최고의 선물은 우리를 더 큰 이야기의 지평으로 옮긴다는 것이다. 이 웅장한 이야기는 우리보다 앞서 시작되었고 우리보다 오래 살아남을 것이다. 이 이야기는 과거와 미래를 현재와 동일하게, 아니 어쩌면 더 중요하게 다룬다. 현재에만 천착하는 세상에서 지혜는 '즉각적인 상관성'이란 좁은 한계 안으로 수축되지만, 교회는 우리의 지평을 확장한다. 교회는 수천 년 전의 지혜와 진리를 끌어와 지금으로부터 수백만 년 후에 실재할 현실에 대해 이야기한다. 교회는 문화와 국경을 뛰어넘고, 시간과 공간을 초월하는 이야기 안에 우리를 데려다 놓는다. 교회는 불안한 세상을 정처 없이 유랑하는 방랑객들을 향해 손짓한다. 오라, 기독교 전통이 이천 년에 걸쳐 구축한 관습과 지혜의 도피성으로.

기독교 유산은 세월의 시험을 이겨 낸 진리가 보물처럼 매장된 곳이다. 우리보다 앞서 살아간 구름같이 허다한 증인들이 오늘날 우리가 직면한 숱한 질문 및 시련과 씨름했다. 오늘을 살고 있는 그리스도인들이 현재의 화제나 통찰을 완전히 새롭고 독특한 것으로 여기는 자아도취를 피하는 것이 중요하다. 이런 착각에 빠지지 않으려면 우리가 시간의 경계를 초월한 가족의 일원임을 체감하고 그들의 지혜를 빌려 오며 그 지혜 위에서 자라야 한다. 그러므로 크리소스토무스, 칼뱅, 아우구스티누스, 아타나시우스의 신학을 읽어야 한다. 마르틴 루터, 윌리엄 틴들,

윌리엄 윌버포스, 필리스 위틀리, 해리엇 터브먼, 한나 모어, 다미앵 신부, 엘리자베스 엘리엇, 찰스 스펄전, 수잔나 웨슬리 등 신실하게 살다간 그리스도의 제자들의 전기를 읽어야 한다.

결국 교회사 속 연속성의 가치는 상관성이란 부담에서 우리를 해방시키는 데 있다. 모든 세대가 이미 있는 것을 다시 만드느라 시간을 낭비할 필요는 없다. 우리는 그저 우리의 이야기를 깨닫고 그 안에 들어가야 한다. 또한 교회의 힘은 끊임없는 재창조가 아니라 연속성에, 유행을 따르는 것이 아니라 초월하는 데 있음을 이해해야 한다. 우리에게는 시대에 뒤떨어지지 않으려 노심초사하기보다는 영원한 것과 연결되려 애쓰는 교회가 필요하다. 우리에게는 시대정신이 아니라 복음에 의해 빚어지는 교회가 필요하다.

최상의 상태일 때 교회는 우리를 덧없는 존재의 불확실성에서 영원한 존재의 확실성으로 나아가게 한다. 교회는 우리의 운명을 깨닫게 하며 최신 소셜 미디어에 대한 집착에서 벗어나 균형 잡힌 시각을 갖게 해 준다. 역사의 불씨가 타오르고 나면 모든 트윗과 유명 영상 따위는 재가 되어 잊히겠지만, 교회는 영원히 남을 것이다.

이것이 바로 교회가 지혜 식단에서 필수 요소인 이유다.

토의를 위한 질문

1) 성경이라는 무오한 진리의 근원을 가진 우리에게 교회까지 필요한 이유가 무엇일까? 지역 교회와 교회 전통은 성경에서 지혜를 끌어오는 데 어떤 역할을 하는가?

2) 기도가 지혜를 얻는 습관에서 핵심을 차지하는 이유는 무엇인가?

3) 교회가 지혜의 식단에서 두 번째로 중요한 원천이라는 논리에 의문을 제기하는 사람이 있다면, 당신은 어떻게 반응할 것인가? 교회에 대해 회의하는 사람을 설득할 만한 주장을 이 장에서 찾아 나눠 보자.

자연

여호와께서는 지혜로 땅에 터를 놓으셨으며
명철로 하늘을 견고히 세우셨고
그의 지식으로 깊은 바다를 갈라지게 하셨으며
공중에서 이슬이 내리게 하셨느니라

잠언 3:19-20

자연은 완고하다. 날씨는 '대안적 사실'을 허용하지 않는다. 눈이 내리거나 아니거나 둘 중 하나다. 홍수, 가뭄, 허리케인을 떠올려 보라. 예측할 수 없는 자연의 행태는 회피하거나 조작할 수 없다.

나는 캘리포니아 남부 지역에 산다. 집집마다 냉난방시설이 갖춰져 있고 자동차에도 냉난방장치가 있어 여름에 기온이 섭씨 40도에 육박하고 겨울에 세찬 바람이 몰아쳐도 다들 태연하게 살아간다. 그렇다고 해서 자연으로부터 완전히 피할 수는 없다. 산사태가 나서 고속도로 일부가 유실되면 통행이 불가능해진다. 산타아나 바람(10월부터 4월까지 미국 캘리포니아주에서 부는 고온건조한 계절풍-옮긴이)이 불어오면 시인 다나 조이아Dana Gioia가 절묘하게 묘사했듯 "비벼 끈 담배 맛" 같은 공기에 다들 여기저기서 기침을 하기 바쁘다.[1] 소노라Sonora 사막 지역은 건기가 되면 가을 들불이 번지기에 딱 좋은 환경으로 변한다. 날씨는 우리의 뜻을 묻지 않는다.

자연은 우리에게 준엄하게 말한다. 너희들이 만든 세계보다 더 큰 세계가 있다고.

몇 해 전, 나는 「로스엔젤레스타임스Los Angeles Times」를 보다가 깔끔하게 정리된 한 헤드라인에 시선이 꽂혔다. "탈진리의 시대를 사는 우리, 그렇지 않은 자연"이란 제목이었다.[2] 내가 자연을 변함없이 사랑한 이유를 들자면, 자연은 하나님이 손수 지으신 아름답고도 두려운 피조물이기 때문이다. 자연은 자연 그대로일 뿐 우리가 원하는 대로 바꿀 수 없다. 사람은 이 세상에서 자신이 만물의 척도인 양 착각해도 자연의 뜻은 다르다. 자연이 주어진 것이라는 사실은 미친 세상에서 붙들어야 할 온전한 사고방식이다. 자연은 우리 삶을 지탱하고 향유할 대상이 되어 주면서도 우리에게 도전하고, 우리가 있어야 할 한계를 정하며, 우리가 기꺼이 들으려 할 때 우리에게 지혜를 나눠 준다.

자연이 지혜의 근원인 이유

왜 자연을 바라보며 지혜를 구해야 할까? 하나님을 더 알 때 우리가 지혜로워지는 게 사실이라면, 하나님의 창조 세계를 잘 살펴보아 그분을 좀더 아는 것도 중요하지 않겠는가? 이는 빈센트 반 고흐의 그림에서 그의 진면목을 보고, 마틴 스콜세지의 영화에서 그의 단면을 포착할 수 있는 것과 같다.

하지만 우리에게는 성경이 있다. 이만하면 충분하지 않은가? 물론 성경은 하나님을 알게 하는 탁월하고 무오한 근원이다. 그런데 그러한 성경도 하나님의 창조 세계에서 지혜를 찾을 수 있다고 이야기한다. 잠언 8장에서 의인화된 "지혜"는 자신이 태초부터, 그리고 천지창조가 이뤄지는 동안 하나님 곁에 있었다고 말한다. "그가 하늘을 지으시며 … 내가 거기 있었고"라고 지혜가 외친다(잠 8:27). "땅의 기초를 정하실 때에 내가 그 곁에 있어서 창조자가 되어"라고도 말한다(잠 8:29-30). 이 세상은 문자 그대로 지혜와 함께 창조되었다. 어느 작가는 이렇게 표현했다. "하나님은 세상을 지혜라는 프로그램으로 만드셨다. 컴퓨터에 비유해 말하자면 지혜는 우주의 운영 체제다."[3]

성경은 하나님이 지으신 세계를 찬찬히 살펴보면 지혜를 얻을 수 있다고 여러 곳에서 말한다. "게으른 자여, 개미에게 가서 그가 하는 것을 보고 지혜를 얻으라"(잠 6:6). "이제 모든 짐승에게 물어 보라. 그것들이 네게 가르치리라. 공중의 새에게 물어 보라. 그것들이 또한 네게 말하리라. 땅에게 말하라. 네게 가르치리라. 바다의 고기도 네게 설명하리라"(욥 12:7-8). 솔로몬은 "모든 사람보다 지혜로운" 사람이었고(왕상 4:31) 그의 지혜에는 자연 세계에 대한 광범위한 지식도 포함되어 있었다. "그가 또 초목에 대하여 말하되 레바논의 백향목으로부터 담에 나는 우슬초까지 하고 그가 또 짐승과 새와 기어다니는 것과 물고기에 대하여 말한지라"(왕상 4:33).

물론 진리와 지혜의 전달체로서 자연은 불완전하고 간접적이다. 자연은 우리가 고대하는 위대한 영광의 잔물결이자 흔적이며 그에 대한 초벌 스케치다. C. S. 루이스는 이렇게 말했다. "자연은 이미지나 상징일 뿐이다. 그러나 성경이 사용하라고 권하는 상징이다. 우리는 자연을 통해, 자연을 넘어서,

자연이 이따금 발산하는 광채 속으로 들어서라고 부름 받는다."4) 자연의 영광은 그 자체로 목적이 될 수 없다. 자연은 예배받아 마땅한 신이 아니다. 자연은 하나님의 영광의 프리즘이자 증폭기다. 자연은 극장이요 캔버스이자 대성당이며 그 중심에는 항상 하나님이 계신다.

두 번째 책

칼뱅은 창조 세계를 가리켜 "화려하게 지어지고 정교하게 장식된 아름답고 웅대한 저택"이라고 묘사하면서 그 안에 있는 만물은 한 건축자를 가리킨다고 설명한다.5) 성경은 이렇게 외친다. "하늘이 하나님의 영광을 선포하고 궁창이 그의 손으로 하신 일을 나타내는도다"(시 19:1). "창세로부터 그의 보이지 아니하는 것들 곧 그의 영원하신 능력과 신성이 그가 만드신 만물에 분명히 보여 알려졌나니 그러므로 그들이 핑계하지 못할지니라"(롬 1:20). 성경은 창조 세계가 지혜를 일러 줄 거라고 말만 하지 않는다. 성경은 직접 보여 준다. 성경은 창조 세계로부터 진리를 끌어오는 심상과 은유와 비유로 가득하다. 예수님 역시 청중을 향해 창조 세계에 담긴 지혜를 끊임없이 제시하셨다. "까마귀를 생각하라"(눅 12:24). "백합화를 생각하여 보라"(눅 12:27). 뿐만 아니라 양, 이리, 뱀, 비둘기

(마 10:16)까지 등장한다.

거듭 말하지만 하나님의 뜻에 대한 흠 없고 으뜸가는 근원은 성경이다. 그 중요성은 무엇과도 비교할 수 없다. 그러나 창조 세계는 '두 번째 책'이다. 아우구스티누스는 피조된 만물의 모습을 '위대한 책'이라 칭하면서 이렇게 외친다. "위를 보라! 아래를 보라! 그리고 읽어 보라. 당신이 발견하고 싶은 하나님은 잉크로 이 책을 쓰지 않으셨다. 대신 손수 지으신 만물을 당신 눈앞에 두셨다. 이보다 더 큰 음성이 필요한가?"[6]

특별 계시인 성경과 일반 계시인 자연이라는 '두 책'은 경쟁할 필요가 없다. 우리는 오직 성경 sola Scriptura이란 원칙에 뿌리를 두어야 마땅하지만 존 프레임의 말처럼 "이 원칙은 창조 세계에서 하나님에 대한 지식을 구하는 것을 금하지 않는다. 왜냐하면 성경 자체가 자연 계시를 이야기하고 있고 자연 지식을 구원의 지식을 위한 전제 조건이나 서문으로 제시하기 때문이다."[7]

이교도 앞에서 설교할 때 바울도 이 점을 인정했다. 바울은 예수 그리스도에 대한 특별한 복음을 나누기에 앞서 "천지와 바다와 그 가운데 만물을 지으시고 살아 계신 하나님"을 전한다(행 14:15). 그분은 "자기를 증언하지 아니하신 것이 아니니 곧 여러분에게 하늘로부터 비를 내리시며 결실기를 주시는" 하나님이다(행 14:17). 아덴(아테네)의 아레오바고에서 바울은 하나님이 "우주와 그 가운데 있는 만물을 지으"셨으며(행

17:24) 사람이 "하나님을 더듬어 찾아 발견하게" 하셨다고 설명한다(행 17:27). 바울이 이 지점에서 시작한 것은 우리가 창조주를 직관적으로 감지하지 못한다면 이 세상을 살 수도, 석양을 감상할 수도, 계절과 날씨가 지닌 고유함을 살필 수도 없음을 알았기 때문이다.

하나님은 그럴 의무가 없음에도 우리에게 먼저 말을 걸고 자신을 계시하신다. 얼마나 큰 선물인가! 하나님은 우리가 읽고 선포할 수 있도록 문자 그대로의 책을 주실 뿐 아니라 우리가 보고 듣고 냄새 맡고 만지고 맛보는 책도 주신다. 이 책은 따뜻한 모래처럼 손가락 사이로 빠져나가고, 차가운 폭포처럼 아래로 세차게 쏟아지며, 복숭아 과즙처럼 입으로 흘러내린다. 이 모든 것이 그분의 흔적이다. 자연은 멈추지 않고 연주되는 웅장하고 아름다운 교향곡이다. 이어폰을 내려놓고 한참 동안 귀를 기울인다면 그 교향곡을 들을 수 있을 것이다.

창조 세계, 하나님을 말해 주다

자연의 외침에 귀 기울여 보라. 무엇이 들리는가? 자연이 하나님의 성품을 계시함으로써 진리를 계시하고 있다면, 과연 어떤 성품을 계시하는가? 이 질문에 대해 답하려면 책 한 권을 써야 할 것이다. 먼저 조나단 에드워즈의 말을 들어 보자.

각종 나무와 포도나무에서 느껴지는 평온함과 자연스러움은 그분의 아름다움과 사랑스러움이 남긴 그림자다. 수정처럼 투명한 강물과 나지막이 흐르는 개울은 그분의 사랑과 은혜와 아름다움의 발자취다. 태양의 빛과 눈부심, 황금빛을 머금은 저녁 구름, 아름다운 무지개를 바라보면 그분의 영광과 선하심을 아련하게 느낄 수 있다. 푸른 하늘에는 그분의 온화함이 가득하다.[8]

자연은 하나님의 영광스러운 속성을 여러 가지 방법으로 드러낸다. 우리는 신음하며 구속을 바라는 타락한 창조 세계 안에 있지만(롬 8:19-23) 이사야가 보았던 아름다운 환상을 미리 맛볼 수 있다. "거룩하다 거룩하다 거룩하다 만군의 여호와여. 그의 영광이 온 땅에 충만하도다"(사 6:3). 레지널드 헤버Reginald Heber는 절묘한 솜씨로 만든 찬송가 '거룩 거룩 거룩 전능하신 주님'에서 "천지만물 모두 주를 찬송합니다"라고 노래한다.[9] 천지만물은 지구 전체를 말한다. 에베레스트 산에서 이과수 폭포까지, 바이유 늪지대에서 시베리아의 툰드라까지, 그리고 그 사이에 자리한 숱한 개울과 계곡과 평야에 이르기까지. 모든 곳이 "하나님의 장엄함으로 가득 차 있다."[10]

다양성과 통일성이 공존하는 창조 세계는 하나이면서도 셋이며 셋이면서도 하나인 삼위일체 하나님을 계시한다. 자연 세계는 광활하고도 복잡하지만 그 속에서 만물은 정교하게 빚어져 조화를 이룬다. 시편 104편은 자연의 다양성 안에 계시된 하나님의 위대하심을 송축하는 서사시다. 물, 바람, 불, 산, 계곡, 샘, 백향목, 들나귀, 너구리, 사자, 산양, 달, 해, 심지어 '리워야단'이라 불리는 바다 생물까지. 시인은 24절에서 이를 절묘하게 요약한다. "여호와여 주께서 하신 일이 어찌 그리 많은지요. 주께서 지혜로 그들을 다 지으셨으니 주께서 지으신 것들이 땅에 가득하니이다"(시 104:24).

또한 창조 세계는 하나님의 크심을 증언하면서 건강한 시야를 열어 준다. 종교에 무심한 사람들도 요세미티 국립공원의 엘 캐피탄이나 아르헨티나 파타고니아의 페리토 모레노 빙하 앞에 서면 조물주의 장엄함에 압도당한다. 특히 광활한 우주를 올려다볼 때는 유독 그 경이감이 북받쳐 오를 것이다. 어렸을 때 위스콘신에 있는 제네바 호수로 여름 캠프를 떠난 적이 있는데, 그때가 눈에 선하다. 풀밭에 등을 붙인 채 밤하늘의 뭇별을 바라보며 나는 하나님의 위엄과 크심을 느꼈다. 나는 얼마나 작은 존재인가! 그러나 나는 또한 하나님의 사랑에 경이감을 느꼈다. 이 밤하늘의 뭇별을 지으신 하나님이 나를 지으셨다니. 습기를 머금은 위스콘신 풀밭에 누운 채 나는 하나님을 깨닫고 그분의 사랑을 느꼈다.

자연이 선포하는 진리는 이렇다. 하나님은 영광받아 마땅하며 사랑하시는 분이다. 마이클 호튼Michael Horton은 그분을 이렇게 설명한다. "삼위일체 하나님이 수십억 개의 은하와

더불어 우리가 거할 수 있도록 놀라운 티끌과 물의 입자를 창조하신 것은 자기 완성을 위한 내적 필요나 갈망 때문이 아니었다. 그저 그에 대한 사랑으로, 우리에 대한 사랑으로 하신 것이었다. … 사랑과 영광은 하나님의 창조 행위의 동기이자 최종 목적이므로 나뉠 수 없다. 하나님의 영광은 그분의 사랑이요, 하나님의 사랑은 그분의 영광이다."[11]

하나님의 영광과 사랑은 창조 세계에 넘치는 아름다움 속에 부분적으로 계시된다. 하나님은 굳이 벌새 3백 종과 난초 3천 종을 창조할 필요가 없으셨다. 그분은 카카오콩과 사탕수수를 창조할 필요도, 독창적인 솜씨로 초콜릿을 만드는 사람을 지을 필요도 없으셨다. 하지만 그분은 창조를 감행하셨다. 하나님의 은혜와 사랑이 얼마나 큰지! 프란치스코 교황이 말한 것처럼 "물리적 우주 전체가 우리를 향한 하나님의 사랑과 무한한 애정을 말하고 있다. … 흙, 물, 산을 비롯한 자연 만물은 하나님의 어루만지심과 같다."[12] 뒷마당 정원을 가꾸거나 기암이 가득한 해안가를 산책할 때면 이 '어루만지심'을 느낄 수 있다. 하나님이 이 세상을 창조하셔서 우리가 거주하고 가꾸며, 하나님을 알고 알려지게 하셨다니 큰 위로 아닌가. 이것이 바로 시인 웬델 베리Wendell Berry가 말한 "야생 속에서의 평화"다.[13]

물론 창조 세계가 늘 평화의 근원인 것은 아니다. 허리케인, 지진, 기근, 역병을 비롯한 재앙이 할퀴고 간 자리에서 우리는 창조 세계의 어두운 면을 목격한다. 어린아이의 장례식에 가 보았는가? 사랑하는 이가 암으로 수척해지는 모습을 지켜본 적이 있는가? 그럴 때 우리는 타락한 창조 세계를 슬퍼한다. 우리는 신음하며 회복을 바란다. 새 창조의 미래를 열어 달라고 간구한다. 사자, 어린양, 늑대, 표범, 뱀, 아기가 평화로이 공존하며 "여호와를 아는 지식"이 온 땅에 충만하기를 소망한다(사 11:6-9). 그러나 자연이 어그러질 때조차 하나님의 능력에서 나오는 아름다움과 회복에 대한 약속은 계속해서 그 위용을 드러낸다. 숲이 불타고 재로 남은 땅은 양분이 가득한 옥토로 변해 새 생명을 준비한다. 죽은 가지를 쳐내고 죽은 잎사귀를 떨구고 나면 새 생명의 싹을 위한 길이 열린다. 이러한 자연 세계의 순환은 죽음을 이기시고 만유를 새롭게 하실 구원자의 영광을 선포한다.

미쳐 버린 세상, 온전한 자연

아쉽게도 우리는 하나님의 '두 번째 책'에 담긴 지혜와 위안과 온전함을 누리기보다는 빌딩 숲 사이에서나 스크린 속 가상 세계에서 더 많은 시간을 보낸다. 온전한 정신을 가지기 어려운 게 당연하다. 하나님이 지으신 세계와 절연하고 자연의 리듬에서 멀어질수록, 우리는 점점 더 하나님에 대해 무심해지거나 (자연을 우리의 의지에 굴복시켜) 자신이 하나님인 양 착각하게 된다. 결국 지혜와 건강을 향한 참 소망으로부터 끊어지게 되는 것이다. 도시화와 디지털화는 이 문제를 가속화한다. 어느 작가의 말처럼 우리는 "세상을 바라볼 때 느끼는 벅찬 감동"을 점점 상실하고 있으며 "삶을 직접 체험하기보다는 타인의 체험이 담긴 사진을 위아래로 스크롤하며" 넋이 나간 채 살아간다.14)

리처드 루브Richard Louv는 『자연에서 멀어진 아이들Last Child in the Woods』에서 '자연결핍 장애'라는 용어를 제안하면서 유년 시절에 자연과 멀어지는 것이 정신적, 육체적, 영적으로 얼마나 부정적인 영향을 끼치는지 자세히 설명해 준다. 그는 자유로운 놀이가 사라졌다고 맹렬히 비판한다. 이는 오늘날 아이들을 과보호한 탓이기도 하다. 아이들이 디지털 기기를 끼고 살다 보니 밖으로 나가 모험하려 하지 않는다. 그럼에도 루브는 "도심의 거리나 컴퓨터 게임을 통해서는 얻을 수 없는 것을 자연을 통해 얻을 수 있다"고 말한다. 아이들에게 "무한함과 영원함에 대해 사색할 수 있는 공간이 자연"이기 때문이다.15)

『자연이 마음을 살린다The Nature Fix』에서 플로렌스 윌리엄스Florence Williams는 중요한 연구 결과를 인용한다. 이 연구에 따르면 도시 생활이 우리 뇌를 실제로 변화시켜 정신분열증, 불안, 감정 장애 등의 발병 가능성을 높인다는 것이다.

더군다나 오늘날 디지털 자극이 워낙 많다 보니 우리 뇌는 이를 걸러내고 분류하느라 바쁜 상태다. 반대로 자연에서는 선택지가 줄어들기 때문에 뇌의 주의력 체계는 깊은 사유와 반성 같은 고차원적인 일에 더 매진한다. 한국에서 시행된 두 가지 연구에 따르면 디지털 기기에 중독된 어린이를 숲으로 보내 여행하게 한 뒤 검사해 보니 코티솔 수치가 낮아지고 행복지수가 올라가며 불안도도 낮아졌다고 한다.[16] 자연의 진정력을 보여 주는 실질적인 사례가 있다. 한국과 일본 같은 나라들은 '치유의 숲'을 조성해 미디어와 스크린을 끼고 사는 디지털 유령들이 도시를 떠나 산책하고 산소를 마시며 삶을 추스르도록 돕고 있다. 미국에서도 '산림 요법'이 뜨고 있는데 이를 활용하는 의사들은 '자연 처방전'을 작성해 주고 환자들에게 야외에서 더 머무를 것을 권한다.[17]

자연이 이런 힘을 발휘하는 이유는 뭘까? 연구자들은 실증적 방법을 동원해 실마리를 찾으려 노력하지만, 진정한 실마리는 영적 현실에 있다. 우리는 하나님의 창조 세계 안에 머무를 때 더한 평안을 느낀다. 우리 역시 하나님의 피조물이기 때문이다. (고지대에서 숨을 헐떡이거나 습윤한 들판에서 땀을 흘리듯 자연에 있으면서) 우리 자신의 피조성을 보다 직접 느낄 때 우리는 창조주 하나님께 더 가까이 나아가 더 깊은 행복감을 느낀다. 자연은 우리에게 적합한 장소다.

인간은 자연의 일부다

자연은 지혜는커녕 어리석음의 근원이 되기도 한다. 우리가 자연을 인간보다 높은 반열로 끌어올릴 때 그런 일이 일어난다. 오늘날 자연을 사랑하는 사람 일부가 지혜롭지 못한 것도 이러한 이유에서다. 이들은 자연에 인간의 본성도 포함된다는 점을 망각한다. 우리는 하나님의 형상대로 지음 받았고(창 1:27), 하나님은 우리를 "하나님보다 조금 못하게 하시고 영화와 존귀로 관을 씌우셨다"(시 8:5). 이 사실은 하나님이 지으신 다른 피조물이나 우리가 손수 만든 어떤 창작물(예를 들면, 로봇이나 AI)에 적용할 수 없다. 사람만이 하나님의 형상을 담고 있으며 우리를 "지으심이 심히 기묘"하다(시 139:14). 인간에게만 양심이 있다는 것은 인간에게만 하나님의 도덕적인 지혜가 각인되어 있다는 뜻이다. 프레임이 말하기를 이 양심은 "우리에게 말하고 고소하기를 그치지 않을 것이며 … 우리 안에서 하나님의 입장을 옹호할 것이다."[18] 인간의 양심이 무오한 근원이 될 수 있을까? 아니다. 우리는 타락했고 양심도 함께 일그러지고 뒤틀렸다. 그렇기에 지혜 피라미드에서 성경이 가장 중요한 것이다. 성경 없이 양심의 소리를 듣는 것은 모호하고 주관적이기에 위험하다.

인간이 자연의 일부일 뿐 아니라 자연의 왕관이라는 암시는 나무나 고래는 보호하면서도 인간은 보호하지 않는 행태가 얼마나 말이 안 되는지 드러낸다. 프란치스코 교황은 자신의 견해를 이렇게 피력했다. "멸종위기종의 불법 거래 근절에는 앞장서면서 인신매매에 무관심하고 가난한 사람들에게 냉담하며 소외된 사람을 서슴없이 짓밟는다면 이는 명백히 모순입니다." 뿐만 아니라 자연 보호에 대한 관심이 "낙태를 정당화하려는 입장과 양립할 수 없다"는 입장도 밝혔다.[19] 심지어 낙태 선택권을 주장한 진보적인 페미니스트 카밀 파글리아Camille Paglia조차 논리적 모순을 인식하고 있다. 2016년에 나온 낙태에 관한 기사에서 파글리아는 이렇게 말했다. "자유주의 신조가 반전anti-war, 모피 반대, 채식을 표방하고 들꿩이나 반점 올빼미 같은 위기종 보호에 적극 나서는 것이라면, 태아에 대한 사회적 통념과 동정심도 냉혹하게 잘라 내서는 안 된다."[20]

몸의 지혜

사람은 독보적인 장인의 솜씨로 기묘하게 지어진 존재이므로(시 139:14), 우리의 신체 구조 자체가 진리를 풍성하게 드러내는 것은 전혀 놀랄 일이 아니다. 물론 타락 이후 사람의 지혜는 불완전하다. 때문에 우리는 각양각색으로 확산되는 육신의 정욕과 변칙이 본래 우리 운명이었던 것처럼 여겨선 안

된다. 그럼에도 우리가 부여받은 신체는 하나님이 손수 빚어 주신 작품이기에 진리를 담은 경이로운 보고임이 틀림없다. 다만 우리가 그렇게 받아들이는지가 관건일 뿐이다.

우선 몸이 할 수 있는 일을 깨달을 때 지혜를 얻을 수 있다. 뇌 과학이 새롭게 발견한 정보에 힘입어 우리는 인체에서 가장 신비한 기관에 숨겨진 경이를 발견하고 있다. DNA와 유전학을 알수록 기적과도 같은 인체의 구성 앞에서 겸손해야 한다. 아내가 임신했을 때가 기억난다. 아내의 몸이 자연스럽게 변하는 모습을 보며 나는 그 경이로움에 감탄했다. (모유 생산 같은) 신체적 필요와 (양육 본능 자극 같은) 정서적 필요에 맞는 다양한 호르몬이 배출되었다. 아내의 뼈 구조와 신체 비율이 달라졌다. 예정일이 다가올 때 몸에 일어난 일은 도저히 종잡을 수 없었다. 내 아내가 변화를 일으키려 해서 변화된 건 하나도 없었다. 단지 몸이 새 생명을 잉태하기 위해 그렇게 활발히 움직였던 것이다.

그러나 몸이 할 수 없는 일을 깨달을 때도 지혜를 얻을 수 있다. 우리를 한계 안에 가두신 것은 하나님의 선물이다. 대표적인 예로 우리는 자야 한다. 생존하려면 음식을 먹고 물도 마셔야 한다. 떨어진 두 장소에 동시에 있을 수 없다. 자연은 이따금씩 우리가 연약하고 작은 존재임을 일깨워 준다. 해류의 흐름은 우리보다 강하다. 사자의 턱도 우리보다 강하다. 중력은 거스를 수 없는 환경이다. 자연에 있을 때 우리는 겸손해지며 욥에게 엄포를 놓으시던 하나님의 음성을 듣는다. "내가 땅의 기초를 놓을 때에 네가 어디 있었느냐?"(욥 38:4) 하나님은 하나님이며 우리는 우리일 뿐이다. 그 사실을 몸과 심장으로 느끼는 것도 지혜다.

우리는 피조물이고 하나님은 창조자임을 아는 것도 자연이 주는 중요한 교훈이다. 우리 몸과 자연계는 내 뜻대로 이리저리 끼워 맞출 수 있는 장난감이 아니다. 몸은 받아들이고 존중하고 주의 깊게 관리해야 하는 선물이다. 이 교훈을 놓치고 사는 사람이 허다하다. 이들은 자율성을 당연히 여기고 피조성을 부인한다. 환경 친화적 입장을 지닌 사람 대다수가 유전자 변형 식물, 무기화학 비료 등의 폐해를 올바르게 인식하면서도 인간의 호르몬과 성기를 변형하도록 허락하는 화학적, 외과적 조작을 옹호한다. 이는 모순의 극치다. 자연 그대로인 유기농 딸기와 케일이 최고라면, 사람 역시 자연 그대로일 때가 아름답다.

자연이 주어진다는 사실은 정치적 입장을 떠나 존중받고 환영받아야 마땅하다. 다시 말하지만 성과 젠더 문제에 있어 자유주의자인 파글리아조차 지구온난화 같은 문제는 생물학에 호소하면서도 "젠더 문제를 다룰 때는 생물학적 근거를 모조리 배척"하는 진보주의의 모순을 지적한다.

생물학적 진리를 냉정하게 말하자면 성전환은 불가능하다.

(혈액을 제외한) 인체의 모든 단일 세포는 출생 시의 성별로 암호화되어 있다. 양성Intersex이 혼재하는 일이 발생할 수 있지만 이는 모든 인간 출생에서 예외적인 비율로 나타나는 발달 이상에 가깝다.[21]

진보주의자들은 바다와 숲을 비롯한 생태계는 주어진 자연 그대로 보호하자고 하면서도 성과 젠더처럼 주어진 몸을 거부할 수 없음은 이해하지 못한다. 프란치스코 교황에 따르면 진정한 인간 생태학에는 "우리 몸을 받아들이고 돌보고 그 온전한 의미를 존중하는 법을 배우는 것"이 포함되어 있으며, 여기에는 여성성과 남성성도 예외가 아니다.[22]

하나님은 우리를 남성과 여성으로 다르게 창조하셨다(창 1:27). 왜 그러셨을까? 우리가 다른 몸을 바라보고 서로의 '다름' 안에서만 새 생명이 잉태됨을 인정할 때 비로소 그 이유를 깨닫게 된다. 눈을 들어 낮과 밤, 땅과 하늘, 육지와 바다를 보라. 서로를 보완하는 짝은 자연계 곳곳을 아름답게 채우고 있다. 철학자 피터 크리프트Peter Kreeft는 바위("세상에서 가장 남성적인 것 중 하나")와 바다("세상에서 가장 여성적인 것 중 하나")가 만나는 장소에 대해 이런 단상을 남겼다.

> 바위와 바다가 만나는 곳은 깊은 충만함을 선사하는데,
> 우리는 왜 그런 만족감과 평안과 정의감이 북받쳐 오르는지

제대로 분석할 수 없다. … 해변은 지상에서 가장 사랑받는 장소다. 물을 가까이 두고 있는 지역은 세계 어딜 가나 땅값이 제일 비싸다. 바다와 땅이 만나는 곳이기 때문이다. 그곳에서 남성과 여성이 만난다. 바다가 없는 땅은 황량한 사막이다. 땅 없는 바다는 적막하다. 바다 위에 있는 배는 언제 육지에 도착할까? 그러나 바다와 땅이 만나는 곳은 생명의 활기가 만발한다. 우리는 그런 곳에 있고 싶어 한다.23)

생물학적 수준에서만 보면 물이 암석으로, 밤이 낮으로 바뀔 수 없듯 남성과 여성은 바뀔 수 없다. 온갖 방법을 동원한다 해도 남성과 여성의 만남 없이는 새로운 생명을 창조할 수 없다. 씨 뿌린 밭에 물이 없으면 결코 싹을 틔울 수 없는 것과 같은 이치다. 젠더의 상호보완성은 위협이 아니라 우리가 좋아하는 해안가와 호숫가, 강변 산책로처럼 아름다움과 생명이 가득한 거부할 수 없는 원천이다.24)

창조를 부인하고 파괴하는 어리석음

현대 미국에서 진보주의자는 보수주의자를 가리켜 창조를 파괴한다고 조롱한다. 보수주의자는 진보주의자를 가리켜 창조를 부인한다고 목소리를 높인다. 그러나 창조를 부인하고 파괴하는 것 모두 너무나 어리석은 짓이다.

　로마서 1:18-32에서 바울은 창조 세계 속에 보이신 하나님의 자연 계시를 부인하는 것이 어리석다는 점을 명확히 한다. 바울은 하나님이 계시다는 것을 알면서도 영광을 돌리지도 감사하지도 않는(롬 1:21) 사람들을 언급하면서 "스스로 지혜 있다고 주장하지만 실상은 어리석은 사람"이라고 말한다(롬 1:22, 새번역). 그들은 하나님의 진리를 거짓으로 바꾸어 피조물을 창조주보다 더 경배한다(롬 1:25). 이를 예증하기 위해 바울이 동성애 행위를 거론한 것은 의미심장하다. 바울이 볼 때, 남녀 사이의 "바른 관계"를 동성 간의 "바르지 못한 관계"로 바꾸는 것(롬 1:26, 새번역)은 명백히 자연과 반대되는 것이었다. 이렇듯 하나님의 자연 계시를 거부하는 행태를 심각하게 여겨야 하는 데는 이유가 있다. 남성과 여성이 "한 육체가" 되도록 하는 하나님의 설계를 거부하는 것은 하나님의 창조 세계에 담긴 한 단면을 부인하는 것이기 때문이다. 바울은 남녀 관계가 그리스도와 교회의 관계를 심오하게 반영하고 있다고 여겼다(엡 5:31-32).

　창조라는 좋은 선물을 거부하는 것은 어리석은 일이지만, 파괴하는 것은 더욱 어리석은 일이다. 하나님의 자연 세계와 그 안에서 하나님의 형상을 닮은 인간이 오염되는 현실을 대수롭지 않게 여기는 것은 하나님을 조롱하고 그분의 피조물에 담긴 아름다움과 지혜를 거부한다는 뜻이다. 그리스도인이라면 창조 세계의 가치 추락에 대한 우리의 무관심이 로마서 1장에서 고발하는 도덕적 혼란의 불씨임을 깨달아야 한다. 자연 세계가 외치는 진실이 지워지고 손상당할 때 도덕적 혼란이 확산된다. 개빈 오틀런드Gavin Ortlund는 "기독교인이라면 최고의 환경운동가가 되어야 한다"25)고 말했는데, 나는 그의 발언에 전적으로 동의한다. 창조의 교향곡이 사라지고 침묵이 엄습하면 어떤 참상이 벌어질지 알 수 없기 때문이다. 나는 팀 켈러Timothy Keller가 시편 19편("하늘이 하나님의 영광을 선포하고")에 대해 주석한 글을 좋아한다.

> 성경은 창조 세계가 당신에게 말을 건네고 있다고 주장한다. 별. 폭포. 동물. 나무 … 이들이 소리를 낸다. 당신에게 하나님의 영광에 대해 말해 준다. 그렇다면 창조 세계를 맡은 청지기로서, 자연을 맡은 청지기로서 당신이 해야 할 일은 명확하다.
> 자연이 계속해서 말하게 하고 그 음성이 사라지지 않게 하는 것이다.26)

창조 세계의 음성을 침묵시키는 것은 고의로든 그렇지 않든 간에 어리석은 일이다. 이는 지혜의 주된 근원뿐만 아니라 예배의 주된 맥락으로부터 우리를 단절한다. 프란시스 쉐퍼Francis Schaeffer는 『환경오염과 인간의 죽음Pollution and the Death of Man』에서 이렇게 말한다. "내가 연인을 사랑한다면,

연인이 만든 모든 것을 사랑할 것이다."[27]

 하나님이 지으신 창조 세계를 사랑하고 아끼며 그로부터 배움으로써 그분을 향한 사랑을 확증하기를 소망한다. 만물이 창조주께 영광을 돌리니 이 경이를 감사함으로 받아 더욱 현명해지기를 소망한다. 별과 하늘과 반딧불이를 비롯한 모든 자연의 노래에 우리 목소리를 보태자. "온 천하 만물 우러러 다 주를 찬양하여라. 할렐루야 할렐루야!"[28]

토의를 위한 질문

1) 자연에서 만난 무언가가 하나님의 성품이나 신학의 의미를 밝혀 준 경우를 떠올려 보라. 하나님이 손수 지으신 자연 때문에 창조주를 예술가로 이해한 적이 있는가?

2) 우리는 손에 잡히는 물리적 세계보다 컴퓨터와 내면 세계에 빠져 사는 시간이 더 많다. 자연에서 단절되면 어떤 일이 일어날까? 어떤 면에서 어리석고 혼란해질까?

3) 과학은 자연을 연구하는 학문으로서 지혜를 기르는 데 중요한 역할을 한다. 그런데 과학에 회의적인 그리스도인이 많은 이유는 무엇일까? 과학과 신앙이 때로 대립하는 이유는 무엇일까?

책

일을 숨기는 것은 하나님의 영화요
일을 살피는 것은 왕의 영화니라

잠언 25:2

지혜의 토대는 책 중의 책, 성경이다. 앞 장에서 보았듯이 지혜의 또 다른 근원으로 자연이라는 '책'이 있으며 이는 창조 세계를 통해 드러난 하나님의 일반 계시다. 두 책이 진리의 근원인 이유는 저자가 하나님이시기 때문이다. 다른 모든 책은 인간의 작품이다. 아무리 위대한 책이라도 불완전하며, 진리의 원천으로 삼기에는 미흡하다. 그렇다고 해서 무가치하다는 뜻은 아니다.

책은 지혜를 기르는 데 중요한 역할을 한다. 책은 진리를 담고 있을 뿐 아니라 우리가 깊게 사유하도록 도와준다. 주의가 산만해질 수밖에 없는 시대에 책은 우리에게 관점과 초점, 그리고 반성의 공간을 허락한다. 서로 다른 시대와 장소와 세계관이 각인된 책, 그리고 소설과 비소설을 비롯한 각양각색의 책을 읽으면 시대착오적인 세계관과 자기중심적인 오만함이 억제된다. 책은 우리를 교육하고, 서로 다른 분야를 연관 짓게 하며, 세상을 열어 준다.

물론 음악, 연극, 영화, 시각예술, 시와 같은 문화적 양식도 책과 비슷한 역할을 한다(다음 장을 참조하라). 그러나 활자로 기록된 내용은 지혜를 대대로 전수하는 데 특별한 역할을 한다. 버지니아 대학의 영문학 교수인 마크 에드먼드슨Mark Edmundson은 이렇게 말한다. "활자와 책은 이미지와 음악이 담아낼 수 없는 정밀함과 뉘앙스를 담고 있다. … 활자를 통해 우리는 내 안에 있는 나를 드러낸다. 활자를 통해 내가 누구이고 어떤 사람인지에 의식을 고정한다. 그런 뒤 한 발 물러서서 내가 뱉은 말과의 거리를 확보한다. 이러한 시각과 함께 변화의 가능성이 솟아오른다."[1]

어린 시절 아버지는 나를 무릎에 앉힌 채 책을 읽어 주는 것을 좋아하셨다. 혼자서 책을 읽게 된 무렵, 아버지는 나와 누이를 오클라호마 브로큰애로우 공립도서관으로 데려가 여름 독서 프로그램에 가입시키셨다. 독서에 진척이 보이면 적절한 상도 주셨다. 크고 작은 서점에서 보낸 시간은 일상의 기쁨이었다. 우리는 스콜라스틱 도서전시회Scholastic Book Fair에서 아끼지 않고 돈을 썼다. 내 방에는 '하디 보이즈 Hardy Boys' 시리즈(10대 형제가 주인공인 탐정소설-옮긴이)와 프랭크 퍼레티Frank Peretti가 쓴 '쿠퍼 키즈 어드벤처' 시리즈(교회 아이들을 위한 인디아나 존스식 모험물-옮긴이)를 위한 책장이 따로 있었다. 이후에는 '구스범스Goosebumps' 시리즈(로버트 스타인이 쓴 어린이 공포물-옮긴이)와 존 그리샴John Grisham 소설로 넘어갔다.

이 각별했던 책들이 내게 진리와 지혜의 성채가 되었을까? 그렇지는 않았을 것이다. 하지만 지금까지 이어지는 독서의 기쁨을 심어 주었다(지금도 읽어야 할 책이 열두 무더기쯤 쌓여 있다). 읽은 책이 다 유익할 리 없다. 다 지혜로울 리 없다. 하지만 충분했다. 누적된 독서의 힘이 심오하기 때문이다. 이유는 다음과 같다.

책은 우리를 연결시킨다

책은 적어도 두 가지 의미의 '연결'을 촉진한다. 책은 우리를 다른 사람과 연결시키며, 생각의 점들을 연결한다. 책은 공감empathy과 종합synthesis을 일으키는 매우 중요한 원천이다. 이 두 가지 요소는 지혜를 증진하는 데 필수적이지만 오늘날 광란의 시대에 점차 줄어들고 있다.

우리는 독서를 통해 타인의 생각으로 들어간다. 저자의 세계로 진입해 긴 시간 동안 저자의 관점에 집중한다. 이 지점이 열쇠다. 타인의 트윗만 보고 공감 능력을 개발하기는 쉽지 않다. 그러나 책의 길이만큼 타인의 세계에 몰입할 때 '이해'를 위한 기회가 생긴다. 독서의 기술은 "듣기는 속히 하고 말하기는 더디 하는 것"이다. 문학 소설을 읽을 때 우리는 등장인물의 내면으로 잠입해 공감 능력을 키운다. 그들을 사랑할 수도, 미워할 수도 있겠지만 그들의 말을 경청하고 삶을 따라가는 만큼 그들이 지닌 고유함으로부터 무언가를 배우게 된다. 몇몇 연구에 따르면, 문학 소설은 독자의 공감 능력을 키우는 데 유익하다고 한다. 타인의 생각과 감정이 지닌 복잡성을 더 깊이 이해하게 해 준다는 것이다.[2] 버락 오바마가 소설가 메릴린 로빈슨Marilynne Robinson과의 인터뷰에서 한 말처럼, 소설 읽기는 "나와 아주 다른 사람과도 연결될 수 있음을 일깨워 준다."[3] 초고속을 자랑하는 소셜 미디어 세계에서는 서로의 관점을 묵살하기 쉽다. 그러나 그레이엄 그린, 어니스트 헤밍웨이, 토니 모리슨이 지어 낸 등장인물들과 동행하면서 우리는 인간의 이야기가 밤하늘의 별처럼 헤아릴 수 없으며, 각 이야기가 지혜의 성좌에 각기 다른 빛과 색과 질감을 더하고 있음을 깨닫는다.

  그러나 책은 또한 연결하기도 한다. 별의 무리가 하나의 성좌가 되려면 점과 점이 연결되어 유의미한 형태로 드러나야 한다. 소설이든 회고록이든 학술서든 간에 독서의 절정은 점과 점이 연결되어 모양을 갖추는 순간 느껴지는 희열에 있다. 이 점이 저 점과 연결되다니! 마침내 퍼즐 조각이 연결되어 식별 가능한 그림이 될 때 우리는 이 복잡하고 불안한 세계를 이해하게 된다. 책을 더 많이 읽으면 읽을수록(다양한 독서라면 금상첨화다), 이 세계에 대한 우리의 이해도 한결 더 두터워지고 명료해진다. 고작 한 페이지를 읽었다 하더라도 생각과 생각이 연결되는 순간 중요한 것을 깨닫게 되기도 한다. 이미 알고 있다고 생각했던 지식이 새롭게 해명되고 새로운 질문이 고개를 들며 새로운 관심사로 나아가기도 한다. 이것이 바로 배움의 본질이다. 읽으면 읽을수록, 우리는 더 허기를 느낄 것이다.

책은 창이자 문이다

　독서는 연결이지만 탐험이기도 하다. 책을 읽을 때 물리적으로 어딘가에 가는 것은 아니지만, 마치 다른 장소 다른 시간으로 이동하는 것 같은 기분을 느껴 보았을 것이다. 영화 <인터스텔라Interstellar>에서 크리스토퍼 놀란Christopher Nolan은 책장을 주된 은유로 사용해 시공간을 초월하는 소통을 상징화하는데, 나는 이 장면을 참 좋아한다. 책은 타임머신이다. 책을 통해 우리는 프랑스 혁명이나 남북전쟁의 현장으로, 호메로스의 이타카섬(오디세우스의 고향으로 그려진 곳-옮긴이)과 셰익스피어의 베로나(『로미오와 줄리엣』의 배경 도시-옮긴이)로 되돌아간다.

　책은 가성비 최고의 여행 수단이다. 마크 트웨인의 소설을 읽을 때 우리는 미시시피강 속으로 뛰어든다. 러드야드 키플링Rudyard Kipling(인도 출신의 영국 소설가. 대표작으로 『정글북』이 있다-옮긴이)의 소설을 읽을 때는 인도의 밀림을 탐험한다. 나는 미국 남부 지역을 직접 방문하기 전에 이미 하퍼 리Harper Lee(『앵무새 죽이기』의 저자-옮긴이), 플래너리 오코너Flannery O'Connor, 유도라 웰티Eudora Welty를 비롯한 여러 작가를 통해 그 지역을 다녀왔다. 사실 우리가 나이지리아나 콜롬비아를 갈 기회는 흔치 않다. 하지만 치누아 아체베 Chinua Achebe(나이지리아의 소설가. 대표작으로 『모든 것이 산산이 부서지다』가 있다—옮긴이)나 가브리엘 가르시아 마르케스Gabriel Garcia Márquez(콜롬비아 출신의 소설가. 대표작으로 『백 년의 고독』이 있다—옮긴이)를 읽으면 가 보지 못한 그곳을 우리 곁으로 소환할 수 있다.

C. S. 루이스는 『오독: 문학 비평의 실험An Experiment in Criticism』에서 이런 말을 한다. 우리는 각자 자기만의 관점으로 세상을 바라보는 데 익숙하지만 "자신의 눈, 상상력, 마음뿐 아니라 다른 눈들로도 보고 다른 상상력들로도 상상하고 다른 마음들로도 느끼고 싶어 한다."

> 우리는 창문을 요구한다. 로고스로서의 문학은 일련의 창, 또는 심지어 문들이다. 우리는 위대한 작품을 읽은 후에 '빠져나왔다'는 느낌을 받는다. 혹은 또 다른 관점에서 보면 '들어왔다'는 느낌도 받는다. 다른 모나드(궁극적 실체)의 껍질을 뚫고 들어가 그 속은 어떤지 발견하는 것이다.4)

책은 우리의 주관적 경험 너머에 있는 진리를 새로운 형태로 드러냄으로써 우리의 지평을 확장하고 억측을 교정한다(루이스의 표현을 빌리자면 "보이는 사실을 거부하고 있는 그대로의 사실을 받아들이는 것"). 또 책은 우리가 외로움에서 벗어날 수 있게 도와준다. 책을 읽는다는 것은 공동체로 들어서는 것이다. 작가 수전 손택Susan Sontag은 어린 시절 침대에 누워 책장을 바라보던 순간을 회상하며 "마치 오십 명의 친구들을 보는 것 같은" 느낌이 들었다고 말했다.5) 메릴린 로빈슨도 자신이 수집한 장서들을 보며 느낀 단상을 이렇게 표현한다. "그 책들은 구름같이 둘러싼 증인이나 마찬가지였어요. 내게 인간의 경험이 얼마나 낯설고 독특한지 증언하면서 그것을 가장 깊이 누리게 도와주었지요."6)

책은 열린 문이다. 세계를 향해 열린 창이다. 나니아의 옷장이다. 어린 시절 나는 『로빈슨 크루소』, 『푸른 돌고래 섬』, 『티모시의 유산』, 『로빈슨 가족의 모험』 등에 푹 빠져 지냈다. 내륙 중서부 출신의 소년이라 그런지 거센 바다 위를 항해하고 이국적인 열대 지방을 주름잡는 모습을 상상하면 가슴이 벅차올랐다. 돌아보니 이 책들은 내 세계를 확장하고 상상력을 키워 주며 호기심에 불을 지폈다. 모두 내 지성과 영성이 자라는 데 없어서는 안 될 요소였다. 겉으로는 현실 도피성으로 보이지만 이 책들 덕분에 나는 지금의 내가 되었다. 도피라고 하지만 현실을 회피하는 게 아니라 대면하기 위해서라면, 감각을 둔화시키는 게 아니라 활성화시킨다면 잠시 현실을 떠나는 것은 우리에게 좋은 일이다. 우리가 사는 세상을 보라. 숨 막히고 자아도취에 빠져 있고 생생한 현실마저 부정하는 곳 아닌가. 이런 세상에서 우리에게 책보다 더 좋은 탈출구는 없다.

책은 깊은 사유를 일으킨다

온라인에서 우리는 단편적이고 빠르게 스캔하는 식으로 읽는 편인데, 최근 여러 연구에 따르면 긴 시간을 할애하는 몰입형 독서가 우리 뇌의 사유 능력을 강화시킨다고 한다. 『다시, 책으로 Reader, Come Home』에서 매리언 울프는 이런 연구를 수행한 끝에 몰입형 독서가 디지털 과부하로 인해 지친 우리 뇌에 강력한 부스터샷 역할을 한다고 주장한다. 그녀에 따르면 "다방면의 독서에 숙련된 사람들은 지금 읽고 있는 내용에 적용할 자료도 많이 보유하고 있을 것이다." 하지만 그렇지 못한 사람은 "논리적 추론, 연역적 사고, 유비적 사유의 기반이 허약하므로 … 가짜 뉴스나 허위 날조를 포함한 검증되지 않은 정보의 먹잇감이 되기 십상이다."[7]

오늘날 맞춤형 정보가 순식간에 대량 생산되다 보니 그릇된 정보나 불건전한 지혜에 빠지기 쉬워졌다. 그런 시대에 독서는 강력한 해독제다. 책은 한참 동안 우리가 한 가지에 집중하게 만들어 '정보의 과다성'이란 병폐를 극복하게 돕는다. 오랫동안 한 작가의 관점과 씨름하게 만들어 '정보의 신속성'이란 문제를 극복하게 돕는다. 뿐만 아니라 타인의 입장에 서게 만들어 '과도한 자기 집중'이란 병폐를 극복하게 돕는다.

책은 모든 가능성이 열려 있는 이 시대에 견고한 기반을 제공한다. 책은 물밀듯 밀려오는 정보를 보다 잘 평가하도록 안내문을 제공한다. 각종 '짤'과 논평이 난무하는 시대에 책은 더 큰 맥락을 제공한다. 앤디 크라우치Andy Crouch가 말했듯 "오래된 책일수록 맥락은 더 깊어진다."8) 에드먼드슨은 고전이나 걸작을 읽는 사람들을 가리켜 이렇게 말한다. "그들은 문화 산업이 출시한 신상품에 과도한 영향을 받지 않을 것이다. 그들은 경험 삼아 시도해 보다가도 완전히 거부할 수 있다. 그들은 자기 마음에 더 나은 무언가를 품고 있을 것이다."9) 왜일까? 독서와 교육은 우리 뇌를 훈련시켜 복잡한 정보를 능숙하게 처리하게 하며 단순히 받아들이기보다는 심사숙고하고 평가하게 하기 때문이다. 잘 읽는다는 것은 저자의 말을 액면 그대로 수용하는 것이 아니다. 저자의 주장을 진심으로 공감하고 이해하되 우리가 알고 있는 것과 견주어 보는 것이다. 잘 읽고 배운다는 것은 미묘한 의미를 포착하는 능력을 계발하며 선한 것을 취하되 악한 것을 버리는 것이다.

  그러나 독서는 단순히 방어적인 행동이 아니다. 잘 읽고 배우려면 우리 또한 가르침을 잘 받아야 하며, 외부를 향해 스스로를 기꺼이 내려놓고 개방해야 한다(그렇다고 곧이곧대로 믿으라는 것은 아니다). 책을 열 때 우리는 변화할 준비를 하고, 기꺼이 설득되려는 자세를 취하며, 지금껏 몰랐던 것을 배우려는 열정을 겸비해야 한다. 다 안다고 생각한다면 책에서 아무 것도 얻지 못할 것이다. 겸손하고 호기심이 많다면(이것은 지혜로운 삶을 위한 초석이다) 기꺼이 탐독할 것이다. 내가 만난 지혜로운 사람들은 자신이 모든 것을 다 안다고 자부하지 않았다. 그들은 자신이 모르는 게 있음을 확실히 알고 있었다. 그들은 배우고 계몽되고 영향받기를 열망한다.

이는 비록 이 시대 문화와 반대되어 보이지만 잘 읽는다는 것의 핵심 측면을 담고 있다. 3장에서 보았듯 우리는 전문 지식이 죽은 시대에 살고 있다. 현재 유행하는 해석학적 원칙은 '의심'이다. 우리는 타인에게 이리저리 휘둘리기보다는 스스로 전문가라고 호언장담할 때 마음이 더 편하다. 오늘날 진지한 담론이 교착 상태에 빠진 것도 이 때문이다. "너 하고 싶은 대로 해" 식의 자유를 강조한 나머지 전문 지식, 사회적 합의, 논리적 사고가 아무 힘을 쓰지 못하고 있다. 가르치는 사람들도 이 같은 문제에 봉착한다. 학생들에게 '스스로 생각하는 법'을 지나치게 강조한 나머지 정답과 오답을 가리는 교사 고유의 자격과 권위가 힘을 잃고 있다.

독서는 우리에게 우리가 본질적으로 영향을 흡수하는 존재이며 그러한 방식으로 성장한다는 점을 상기시킨다. 우리가 읽는 모든 책은 현실이 우리가 원하는 대로 돌아가지 않을 것임을 일깨워 준다. 현실은 우리를 포함하면서도 우리보다 훨씬 크다. 우리는 현실을 관찰하는 만큼 창조할 수는 없다. 현실은 우리가 기록하는 것이기보다는 우리가 읽는 것이다.

어떤 책을 읽어야 할까?

이쯤 되면 지혜를 얻는 데 책만한 게 없다는 믿음이 생겼으리라 본다. 그렇다면 어떤 종류의 책을 읽어야 할까? 당신이 나와 비슷하다면, 독서를 할 때도 '과잉 정보' 문제를 겪을지 모른다. 내가 감당하지 못할 정도의 필독서들이 있다. 내 침실 탁자에는 수많은 책들이 젠가로 쌓아 올린 피사의 사탑처럼 위태롭게 서 있다. 이게 다 소셜 미디어 때문이다. 나랑 비슷한 취향을 가진 사람들이 늘 책을 추천하는 바람에 이렇게 되었다. 어떤 책부터 시작해야 할까? 무엇을 우선시해야 할까?

분명한 건 아무 책이라도 읽는 게 읽지 않는 것보다는 낫다는 사실이다. 그러니 (놀랍지만 아직도 존재하는!) 도서관이나 근처 서점으로 가서 이리저리 탐색해 보라. 뭔가 끌리는 책이 있다면 읽으라! 그렇지만 '읽어야 할 책' 목록이 압도당할 정도로 길다면 어떻게 될까? 나는 높이 쌓아 올린 책 더미가 부담스러운 나머지 속독을 하거나 대충 훑어보고 말았다. 사실 이건 최악의 독서 방식이다. 만사가 그렇듯 질이 양보다 중요하다. 평범한 책 다섯 권을 쫓기듯 읽는 것보다는 한 권의 명저를 천천히 몰입해 읽는 것이 지혜를 얻는 데 훨씬 유익하다. 자, 그렇다면 책을 고르는 지혜로운 방법은 무엇일까? 도움이 될 만한 몇 가지 제언을 소개하려 한다.

1. 고전을 읽으라

고전은 첫발을 떼기 제일 좋은 곳이다. 고전이 고전의 반열에 오를 수 있었던 것은 시공간을 뛰어넘는 진리를 담고 있기 때문이다. 인터넷에서 읽은 내용(주관적 논평, 트위터, 블로그의 잡설) 중 대다수는 하루를 넘기지 못하고 사라진다. 하루가 멀다 하고 쏟아지는 신간 서적도 금세 잊히는 건 마찬가지다. 그러나 고전, 즉 '명저'로 불리는 책들이 오랜 시간 살아남은 이유는 그 안에 담긴 지혜가 이 덧없는 세상 속에서도 영속성을 지니고 있기 때문이다. 최근 베스트셀러 목록과 오래도록 사랑받은 고전 중에 고민한다면 주저 없이 후자를 택하자.

C. S. 루이스는 최고의 고전인 아타나시우스의 『말씀의 성육신에 관하여 On the Incarnation』 서문에서 매우 통찰력 있는 말을 남겼다. 최신 서적은 "아직 검증이 안 된 상태"이고 반드시 "긴 세월에 걸쳐 확립된 기독교 사상의 대계를 기준으로 검증되어야 한다." 여기서 루이스는 내가 예전부터 따랐던 원칙 하나를 제시한다. 최신 서적을 세 권 읽으면 오래된 책을 적어도 한 권은 읽어야 한다는 것이다. 이 원칙을 세운 이유에 관해 루이스는 다음과 같이 말했다.

각 시대마다 나름의 관점이 있다. 이 관점은 어떤 진리를 특히 잘 파악하기도 하고 어떤 오류를 특히 잘 저지르기도 한다. 그러므로 우리 모두에게는 우리 시대의 특징적 오류를 바로잡아

줄 책들이 필요하다. 그런 책은 곧 오래된 책들을 뜻한다.10)

낡은 유물과는 달리 오래된 책은 종종 오늘의 현실과 가장 밀접한 관련성을 갖는다. 오래된 책은 판단력을 흐리는 사각지대나 선입견 없이 우리의 현 상황에 대해 충분한 거리를 갖고 대담하고 명료하게 말할 수 있다. 에드먼드슨의 주장에 따르면 "현 시대에는 당대를 지배하는 통념이 뼛속까지 배어 있기 마련이다. … 이 통념을 타개하는 방법은 과거에 최선의 지혜라고 알려진 것에 기대는 것이다."11)

2. 당신에게 도전을 주는 책을 읽으라

건강한 독서 습관을 위해 우선시해야 할 점이 또 있다. 바로 당신에게 도전을 주는 책을 선택하는 것이다. 당신만의 안전지대 밖에 있는 책을 읽자. 논픽션을 선호한다면 이제 소설을 읽자. 다양한 장르를 섭렵하자. 당신과 전혀 다른 삶을 살고 전혀 다른 관점을 지닌 저자의 책을 읽어 보자. 그리스도인은 비그리스도인이 쓴 책을 읽어야 한다. 민주당 지지자는 공화당 지지자의 저서를, 공화당 지지자는 민주당 지지자의 책을 읽어야 한다. 다들 생각의 틀이 비슷한 저자의 책에 솔깃하기 쉽다. 나 역시 판이하게 다른 생각을 흔쾌히 받아들이기 쉽지 않다. 한 페이지를 넘길 때마다 화를 돋우는 책을 읽는 게 쉬울 리 없다. 그렇지만 나는 이를 통해 큰 결실을 맺을 수 있음을 확신한다.

소리가 잘 울리는 반향실 같은 이 세상에 급진적인 제안을 건네고 싶다. 동의하지 않는 내용으로 가득한 책이라 하더라도 읽는 편이 훨씬 낫다! 교양인이라면 타인의 생각과 거리를 두면서 깊이 고민하고 씨름할 수 있다. '위험한' 생각을 전파한다는 이유로 책과 영화를 비롯한 여러 내러티브로부터 청소년들을 과보호하는 그리스도인들이 있다. 이것은 오히려 역효과를 일으킬 수 있다. 우리는 개방적이지만 분별력 있는 태도를 갖고 청소년들이 겸손하고 비판적으로 독서하도록 가르쳐야 한다.

3. 재미있는 책을 읽으라

오래되고 도전적인 책만 읽을 필요는 없다. 즐거움을 주는 책도 읽으라! 앨런 제이콥스Alan Jacobs가 그의 명저 『독서의 기쁨The Pleasures of Reading in an Age of Distraction』에서 언급했듯 독서를 "유기농 채소를 먹는 것과 같은 지적 행위"로 바꿔서는 안 된다. 그보다는 "적어도 대부분의 시간 동안 당신에게 기쁨을 주는 책을 읽으라. 전혀 부끄러워할 필요가 없다." 제이콥스에 따르면 명작만 보는 독서 습관은 하루도 빠지지 않고 호화 레스토랑에서 식사를 하는 것과 다름없다. "그건 너무나 지나치다."[12]

독서에 불쏘시개가 될 만한 책을 읽자. 8개월 동안 한 책을 붙들고 있었지만 더 이상 페이지를 넘길 기운이 나지 않는다면 억지로 계속 읽을 필요가 없다! 좀더 재미있는 책으로 바꾸자. 특별히 좋아한 책이 있다면, 그 책을 다시 펴자. 유행하는 책을 제쳐 두고 좋아하던 책을 다시 읽는다 해도 전혀 부끄러운 일이 아니다. 퓰리처상 수상작 중 아직 읽어 보지 못한 소설이 한가득이지만, 나는 2년마다 (보통 4월에)『위대한 개츠비』를 꼭 챙겨 읽는다. 사랑하는 책을 읽고 또 읽으면 책을 사랑하는 마음도 두터워진다.

위대한 책들, 그리고 가장 위대한 책

'세속적'인 책에 무슨 가치가 있겠느냐고 반문하는 그리스도인들이 있을 것이다. 하나님이 무오한 진리의 궁극적인 근원이시라면, 하나님을 모르는 저자들로부터 얼마나 많은 지혜를 얻을 수 있겠는가? 성령의 감화를 받은 영혼들의 책을 읽으면 되는데, 굳이 무신론자의 글을 읽을 필요가 있을까? 나름 정당한 질문이다.

그러나 하나님이 이 세상을 창조하셨으며 진리의 근원이자 기준이라면 진리는 다 그분의 것이다. 만물에 창조주의 흔적이 있다고 믿는다면 철학, 전기 문학, 생물학, 소설 등 창조 세계를 세밀히 분석하는 책은 모두 진리를 조명하는 잠재력을 갖추고 있는 셈이다. 아우구스티누스는 이렇게 말한다. "모든 이교도들의 학문 분야에는 거짓되고 미신적인 허상이 끼어 있기 마련이지만, 진리를 이용하는 데 쓸 만한 일반교양과 탁월한 도덕적 가르침, 심지어 유일하신 하나님에 대한 경배와 관련된 진리도 포함되어 있다."13) 그러므로 우리는 기독교적 렌즈를 통해 이교도들의 책을 읽으면서 거짓을 버리고 진리를 발견할 수 있다.

그럼에도 불구하고 우리는 이러한 책들을 적절한 위치에 두어야 한다. 위대한 책들을 중심으로 지혜의 식단을 짜면서 가장 위대한 책인 성경을 제쳐 둔다면 실로 어리석은 일일 것이다. 하나님이란 준거점을 상실할 때 양서에 담긴 진리들은 상대화된다. 누군가 어느 한 책에서 진리를 발견할 때 다른 누군가는 같은 책에서 거짓을 발견할 수 있다. 진, 선, 미와 같은 단어를 규정하는 초월적인 기준점이 없다면 규범에 대해 일치된 견해에 이를 수 없을 것이다. 데이비드 라일 제프리David Lyle Jeffrey는 이렇게 썼다. "공통의 진리를 보장하는 유일한 기준은 초월적 진리다. … 유일무이한 위대한 책에 지적으로 책임 있게 접근하지 않는다면, 그보다 미약하더라도 여전히 위대한 진리에 대한 많은 표현을 놓치게 된다."14)

분명히 책은 지혜를 주는 소중한 근원이다. 그러나 지혜 피라미드의 다른 범주와 마찬가지로 하나님의 말씀을 대신하는 것이 아니라 말씀을 보충하는 데 그 가치가 있다. 진리라

단언하는 내용이 하나님의 진리와 맥을 같이하는 한, 그 책은 능히 우리를 지혜롭게 만들 것이다. 가장 위대한 책의 진리를 확증하고 밝히 드러내는 한, 그 책은 위대한 책이 될 것이다.

토의를 위한 질문

1) 독서의 내용을 떠나 독서의 태도가 지혜를 얻는 데 도움이 되는 이유는 무엇일까?

2) 당신에게 도전을 주거나 당신이 강하게 거부하는 생각이 담긴 책을 읽는 것이 중요한 이유는 무엇일까?

3) 당신은 책을 어떻게 고르는가? 어떻게 해야 지혜를 얻는 데 도움이 되는 책을 선택할 수 있을까?

아름다움

온전히 아름다운 시온에서 하나님이 빛을 비추셨도다

시편 50:2

몇 년 전 나는 한 묘지에서 평생 잊지 못할 아름다움을 체험했다. 유서 깊은 할리우드 포에버 공동묘지Hollywood Forever Cemetry에서 록 밴드 '익스플로전스 인 더 스카이Explosions in the Sky'가 콘서트를 하고 있었다. 시원한 5월의 밤, 나는 잔디밭에 담요를 깔고 누워 (미국 드라마 '프라이데이 나이트 라이츠 Friday Night Lights'의 OST로 유명한) 이 텍사스 밴드가 들려주는 연주에 취했다. 그때 나는 아름다움이 제공하는 영원을 경험했음을 본능적으로 느낄 수 있었다. 시원한 바람에 흔들리는 키 큰 야자수를 보고 있으니 팔을 높이 들고 찬양하는 것 같았다. 나는 수백 명의 망자가 묻힌 땅 위에 누워 살아 숨 쉬고 있었고, '죽음을 맞이하라Greet Death'와 '그날의 탄생과 죽음The Birth and Death of the Day'이라는 노래의 기타 소리는 저 하늘을 활공하고 있었다. 내게 그 소리는 마치 부활의 선포 같았다. 새로운 세상, 빈 무덤, 죽음 너머의 생명을 소망하라는 무언의 증언이었다.

어떻게 아름다움은 이런 작용을 하는 걸까? 이에 대한 답은 대부분 신비로 남아 있다. 아름다움의 실체와 작동 원리, 그리고 인간이 오랜 세월 아름다움에 끌리게 된 이유에 관해 어떤 원리나 검증 가능한 가설을 세울 수 있을까? 불가능하다. 그러나 우리 모두는 아름다움이 실재한다는 것을 알고 있다. 아름다움을 보고 듣고 냄새 맡고 맛보고 만질 때 우리는 아름다움의 실재를 깨닫는다. 아름다움은 우리 영혼을 뒤흔들어

깨우고, 세상 속 조화롭고 유쾌한 무언가에 우리 마음을 일치시킨다. 도대체 이 아름다움의 실체는 무엇일까? 나는 하나님이라고 믿는다. 나는 아름다운 모든 것이 하나님을 증언한다고 믿는다. 그분이 아름다움의 근원이요 기준이시기 때문이다. 조나단 에드워즈는 이렇게 말했다. "온 천하 만물 가운데서 발견되는 모든 아름다움은 무한히 빛나고 영광스러운 존재의 광채를 반영한다."[1]

아름다움은 본질상 필요 이상으로 넘치고 풍성하다. 이는 풍성하신 하나님, 한없는 사랑과 은혜를 주시는 하나님을 가르쳐 준다. 모차르트 피아노 협주곡이나 모네의 수채화는 각기 독특한 방식으로 이 사실을 전달한다. 아름다움은 소란하고 피곤한 세상에서 우리 마음을 빚어 가고 사랑을 덧입히며 사유를 정돈하고 영혼을 진정시킨다. 아름다움은 지혜의 식단에서 결코 빠질 수 없는 중요한 요소다.

머리와 마음

지혜는 우리가 머리로 아는 것 그 이상이다. 지혜는 우리의 몸, 감각, 정서와 연결되어 있다. 바로 이 차원에서 아름다움이 약동한다. 아름다움은 우리의 마음속으로 들어가 파장을 만들어 낸다. 정서적 차원, 종종 무의식의 차원에서 진리를 드러낸다. 아름다움은 우리의 사랑을 형성한다. 영화나 TV를 비롯한 서사 기반의 예술이 대중의 정서를 형성하는 데 강력한 힘을 발휘하는 것도 이 때문이다. 이런 장르들은 우리의 마음을 사로잡아 전율하게 만들고 그 어떤 논리와 이성보다 강한 호소력을 발휘한다. 음악은 쉬이 설명할 수 없는 방식으로 우리의 정서를 뒤흔든다. 며칠 전 아이슬란드 밴드 '시규어 로스Sigur Rós'의 연주곡을 듣다가 갑자기 18년 전의 한 순간으로 되돌아간 기분이 들었다. 당시 나는 시카고 통근 열차 안에서 아이팟으로 똑같은 음악을 듣고 있었다. 참으로 신비로운 방식으로 음악은 시간을 초월해 우리 가까이 다가온다. 아름다움을 담아낸 다른 형식처럼 음악은 우리 마음이 이해하고자 애쓰는 영원 같은 것을 느낄 수 있도록 돕는다.

아름다움은 진리에 정서, 어조, 반향을 덧입힌다. 아름다움 없는 진리는 귓가에 닿지 못하고 진리 없는 아름다움은 공허한 메아리로 남는다. 진리와 아름다움이 하나가 되면 강력한 힘을 발휘하는데, 우리는 이런 광경을 성경에서 목격한다. 성경에서 하나님은 아름다움을 사용해 우리와 소통하신다. 이야기, 은유, 시, 노래, 영웅과 악인을 비롯한 다방면의 문학적 장치를 동원하신다. 예수님은 이진법이 필요한 로봇에게 하듯 딱딱한 명제로 말씀하지 않으셨다. 오히려 그분은 아리송하게 비유로 말씀하셨다. 그 비유에는 극적인 그림과 기억하기 쉬운 은유가 담겨 있다. 우리의 창조주는 외적 형식이라는 힘을 빌어 피조물과 소통하심으로써 아름다움이 왜 중요한지 친히 증명하신다. 문학교수인 데이비드 라일 제프리는 이렇게 표현한다.

> 우리의 문화적 용어로 말하자면 하나님은 TV 토크쇼의 사회자는 말할 것도 없고 변호사나 철학자, 심지어 신학자처럼 말씀하시지 않는다. 오히려 시인처럼 말씀하실 때가 많다. … 무거운 화제가 주어졌을 때 하나님이 시로 말씀하셨다는 사실은 그분의 시를 감상하는 것이야말로 그분을 아는 데 필수적인 요소임을 암시한다. 즉, 우리는 그분을 시인으로 봐야 한다. 그분은 온 세상을 시로 쓴 최초의 시인이다.[2]

그렇다면 아름다움만으로 하나님을 충분히 알 수 있을까? 아니다. 많은 예술가와 예술 애호가들이 아름다움은 사랑하면서도 아름다움의 근원이신 하나님에게 냉담하다. 물론 아름다움과 예술은 지혜를 제공하지만, 여기에는 조건이 있다. 둘 모두 창조주와 어떤 관계에 있어야 한다는 점이다. 제프리는 예술을 가리켜 "신앙의 하녀"라고 부르면서 다음과 같이 말한다. "위대한 예술이 그 근원을 가리킬 때, 우리는 아름다움 안에서, 특히 거룩한 사랑의 아름다움 안에서, 곧 하늘 아버지의 사랑의 아름다움 안에서 깊은 울림을 어렴풋하게나마 느낄 수 있다."[3]

창조주의 형상을 따라

사람의 창조성이 하나님에 대한 특별한 증거인 이유는 창조성이 하나님의 형상의 진면목을 드러내기 때문이다. 말은 시스티나 성당의 천장화를 그리지 않았다. 소는 건물을 건축하거나 스마트폰을 발명하지 않았다. 다 사람이 한 일이다. 당신의 애완견이 사랑스럽긴 하지만, 당신에게 시를 써 주거나 생일 카드를 써 주지는 못한다. 오직 사람만이 할 수 있다. 『창조자의 정신 The Mind of the Maker』에서 도로시 세이어즈 Dorothy Sayers는 "하나님의 형상"(창 1:27)이 언급되기 전 창세기 구절들을 숙고한다. 이 본문이 우리에게 주는 유일한 정보는 하나님이 창조자라는 점이다. "우리가 찾을 수 있는 것은 '하나님이 창조하셨다'는 주장뿐이다. … 하나님과 사람의 공통된 특징은 무언가를 만들고자 하는 열정과 능력임이 분명하다."[4] 물론 사람의 창조적 역량만이 하나님의 형상으로서 갖는 전부라고 말할 수 없지만, 중요한 부분을 차지하고 있음은 부인할 수 없다.

놀랍게도 사람은 자신이 태어난 세계, 즉 하나님의 창조 세계라는 '재료'를 취해 새로운 무언가를 창조할 수 있다. 물리적으로 새로운 무언가를 만들 수도, 무언가의 새로운 의미를 찾을 수도 있다. 나는 바르셀로나의 사그라다 파밀리아 대성당이나 두바이의 부르즈 할리파를 보면 인간에게 눈부신 창의력을 주신 하나님을 찬양하지 않을 수 없다. 커피를 마실 때도 마찬가지다(커피는 축복이다!). 원두를 볶고 갈아 뜨거운 물을 통과시키는 기이한 과정을 거쳐 이런 압도적인 음료를 추출하다니, 얼마나 놀라운 일인가!

  모든 창작물은 하나님의 원작품을 새로이 섞은 것이라고 말할 수 있다. 반 고흐의 명화 '별이 빛나는 밤Starry Night'이 존재할 수 있는 이유는 하나님이 별을 지으셨고 밤에 색을 입히셨기 때문이다. 바흐의 '무반주 첼로 모음곡'이 존재할 수 있는 이유는 하나님이 나무와 말을 창조하셨기 때문이다. 나무에서 나온 목재는 첼로가 되고 말에서 나온 말갈기가 활이 된 것이다. 인간이 하나님이 제공하신 원재료로부터 새것을 만들어 창의력을 드러낼 때 아름다움은 만개한다. 그리스도인이자 시인인 리처드 윌버Richard Wilbur는 이렇게 노래한다.

> 물론, 엄밀히 말해
> 우리는 아무것도 발명하지 못하고, 그저 증언할 뿐
> 그렇게 매일 아침이 다시 밝아 온다.5)

증언하기

  예술가는 하나님이 창조하신 것을 증언한다. 아름다움은

창조 세계에 빛을 비추고, 우리가 분주해서 놓치는 것에 이목을 집중시킨다. 아름다움은 우리의 감각을 고양시키고 우리를 둘러싼 경이를 포착하게 해 준다. 모든 것이 과잉 전달되는 이 시대는 시각적 자극으로 가득하다. 우리는 만물을 대충 훑어보고 이리저리 스크롤하며 수동적으로 바라본다. 그러나 정작 현실을 바라볼 눈은 점점 상실하고 있다. 독일의 철학자 요제프 피퍼Josef Pieper는 이렇게 말한다. "시각적 소음"이 난무한 오늘날 세상은 "볼거리가 너무 많은 탓에 우리 시대 일반적인 사람들은 제대로 보는 능력을 상실하고 있다."[6]

현대 세계에 깊이 뿌리내린 영적인 병폐는 부분적으로 우리가 눈멀었기 때문이다. 우리는 주의를 분산시키는 오락물로 감각을 충족시키고, 우리 피드를 점령하는 마이크로-스펙터클을 끊임없이 소비한다. 그 무엇이든 제대로 감상하고 이해하고 비판적으로 평가할 만큼 충분히 멈추지 않는다. 예술가들은 이목을 집중시키고 감각을 일깨운다. 화가나 사진작가는 장방형 틀에 현실을 포착해 축약된 방식으로 (풍경이든 사물이든 인물이든 간에) 무언가를 바라보게 만든다. 영화감독은 시간과 공간을 포착해 우리가 두 가지 모두를 깊이 인식하고 숙고하도록 인도한다(단, 우리가 극장에서 폰을 내려놓는다면 말이다!).

아름다움이 '식품군'에서 가장 중요하거나 가장 미미한 자리가 아닌 적당한 자리를 차지한다면, 건강한 지혜 식단의 한

몫을 담당할 것이다. 최고의 자리를 점유한 아름다움은 마치 끊을 수 없는 약물과 같은 우상으로 변질될 수 있다. 그러나 아름다움이 식단에서 빠져 버리면 우리는 진리의 특정한 결, 깊이, 역동성을 상실할 것이다. 적절한 위치에 있을 때 아름다움은 우리의 지혜를 위해 놀라운 일을 행할 것이다. 다채롭게 어우러진 창조 세계 속에서 하나님의 영광을 맛보고 보고 만지고 냄새 맡고 들음으로써 하나님을 더 알고 사랑하게 도와줄 것이다.

대비와 갈등

그렇다면 무언가를 아름답게 만드는 요소는 무엇일까? 이 질문에 대한 답이 워낙 많다 보니 어쩔 수 없이 사람마다 다르다고 결론내리기 쉽다. 누구나 공감할 만한 대답 중 하나는 아름다움의 핵심 속성이 대비contrast라는 사실이다. 부드러운 부분과 강한 부분이, 피아니시모(매우 여리게)와 포르티시모(매우 세게)가 공존할 때 음악은 아름답게 들린다. 색과 빛과 어둠이 대비를 이룰 때 아름다운 사진이 탄생한다. 영웅과 악인, 승리와 비극이 공존할 때 영화, 소설, 연극은 아름다워진다. 맛(짠맛과 단맛)과 식감(바삭함과 쫄깃함)에서 대비가 느껴질 때 쿠키는 아름답게 느껴진다.

대비는 아름다움을 만드는 데 결정적 역할을 한다. 이질적인 두 요소를 '병치'한 뒤 서로 '교차'시켜 '종합'하는 것이다. 예를 들어 낮과 밤이 만날 때 일몰과 일출이 펼쳐진다. 하루 중 사진으로 남기고 싶은 가장 아름다운 순간이다. 바닷물과 강물이 만나는 어귀에는 큰 하구가 생성된다. 이 세상에서 가장 생동감 넘치는 천연 서식지다. 이질적인 두 요소가 하나 될 때, 대비를 보이던 둘은 어느새 하나로 어우러지고 아름다움과 생명력을 발산한다.

우리가 대비를 아름답게 인식하는 까닭은 그것이 하나님께서 이 세상을 세우신 방법이기 때문이다. 창세기 1장에서 하나님은 여러 짝을 통해 세상을 창조하셨다. 빛과 어둠, 저녁과 아침, 궁창 위의 물과 아래의 물, 그리고 마지막으로 남자와 여자가 등장한다. 남녀라는 아름다운 대비는 하나님의 절묘한 솜씨이며, 결혼에서 "한 몸"을 이루는 것은 교회를 향한 예수 그리스도의 사랑, 그 천상의 실재를 가리키는 지상의 이정표다(엡 5:31-32). 결혼이야말로 하나님이 주신 아름다움을 신비롭게 보여 주는 전형이다. 이 사실은 결혼이 성경의 처음과 끝을 장식하고 있다는 사실에 의해 더욱 강화된다. 하나님의 이야기는 에덴의 결혼으로 시작해 계시록의 결혼으로 끝맺는다. 특히 계시록은 서로 대비되는 짝으로 가득하다. 그리스도와 그의 신부(교회), 새 하늘과 새 땅, 선과 악의 결전.

표면적으로는 선과 악의 대비가 그리 아름답게 보이지 않겠지만, 이는 대비와 깊은 관계에 있는 아름다움의 또 다른 요인을 드러낸다. 그것은 바로 '갈등tension'이다. 인생에서 아름다움이 가장 빛나는 순간은 격렬했던 갈등이 드디어 해소될 때다. 교향곡이 아름다운 이유는 미해결 상태에 있던 조성이 (주로 마지막 악장에서) 청각적 본향으로 이어지기 때문이다. 연극이 아름다운 이유는 주인공이 역경을 거듭하다 결국 모든 갈등이 해소되는 대단원을 맞이하기 때문이다. 이렇듯 흥미진진한 이야기는 대부분 '낙원, 잃어버린 낙원, 회복된 낙원'이라는 친숙한 긴장 구조를 띠고 있다.

예술에 담긴 아름다운 갈등은 우리 존재 안에 있는 아름다운 갈등을 상기시킨다. 우리의 절망적인 상황은 하나님의 구원과 짝을 이루고, 죄로 인한 고초는 사망을 이기신 무죄한 구주와 짝을 이룬다. 하나님 나라도 '이미'와 '아직'의 긴장 tension 상태에 있다. 우리는 성금요일의 수난과 승리의 부활절 주일 사이에 있는 성토요일을 살아가는 중이다. 우리는 그리스도의 초림에 기뻐하고 위안을 얻는다. 그분이 오셔서 우리를 위해 죄와 사망을 정복하셨기 때문이다. 그러나 그와 동시에 그분의 재림을 간절히 기다린다. 백마를 타고 오실 때 그분의 눈에서 불꽃이 타오르고 입에서 예리한 검이 나오기를(계 19:11-16), 이 무너진 세상에 단번에 정의와 해답을 주시기를 기대하기 때문이다.

우리는 갈등이 지배하는 '중간 시간'의 공간에서 살아간다.

이곳에서 고통을 겪되 희망을 잃지 않는다. 우리는 성장하지만 이보 전진하다가 일보 후퇴할 때도 많다. 우리는 바울이 로마서 7장과 8장에서 묘사한 갈등을 경험한다. 그것은 죄에 종노릇하는 것("도리어 미워하는 것을 행함이라", 롬 7:15)과 성령의 권능에 힘입은 자유("넉넉히 이기느니라", 롬 8:37) 사이의 갈등을 말한다. 이 갈등을 인식하도록 도와주는 한, 아름다움은 우리가 더 지혜로워지게 도울 것이다. 아름다움은 창문이다. 이 창문을 통해 우리는 세상을 바라보고 그 안에 펼쳐진 하나님의 영광을 발견한다. 그러나 아름다움은 거울이기도 하다. 이 거울을 통해 우리는 죄로 인해 곤경을 겪고 구원을 바라며 평화를 갈망하는 우리의 있는 모습 그대로를 본다.

아름다움은 우리를 침묵시킨다

나는 무대가 막을 내리고 정적이 흐르는 순간, 관객이 잠시 넋을 잃고 침묵하는 순간을 좋아한다. 영화가 끝나고 화면이 암전되고 엔딩 크레딧이 올라가면 (급히 화장실로 뛰어가야 할 때를 제외하고) 당신은 생각에 잠긴 채 극장에 앉아 영화를 되새겨 볼 것이다. 음악회에 가면 장대한 곡이 피날레에 도달해 연주가 완전히 끝났는데도 그 여음이 귓가에 맴돌고 영혼을 포박할 때가 있다. 바그너의 오페라 '라인의 황금Das

Rheingold' 서곡은 현악 아르페지오가 고조되고 고의적으로 배치한 불협화음이 깔리며 전진하고 전진하다가 어느 순간 갑자기 멈춘다. 음악이 지나간 자리에 불현듯 출현한 정적 가운데 아름다움은 절정에 이른다.

아름다움은 우리의 소리를 잠재운다. 이 시끄러운 시대에 우리에게 필요한 것은 침묵 아니겠는가! 아름다운 것과 마주할 때는 본능적으로 셀카를 찍어선 안 된다. 그보다는 고요히 멈춰 경이로움에 몰입해야 한다. 우리가 생활의 틈바구니 속에서 반쯤 얼이 빠진 채 아름다움을 대충 훑어보기만 한다면, 아름다움은 쉽게 소음으로 바뀐다. 우리는 저녁식사를 준비하면서 넷플릭스를 틀어 놓고, 런닝머신을 뛰면서 음악을 들으며, 비행기를 기다리면서 전자책을 열 페이지 정도 읽는다. 과잉 전달되는 시대를 살면서 삶의 모든 여백을 아름다운 것들로 채울 수 있지만, 우리가 마주치는 아름다움으로부터 지혜를 얻게 해 주는 결정적 요소인 침묵을 잃기 쉽다.

우리는 칼 뉴포트Cal Newport가 말한 '고독 결핍solitude deprivation'으로부터 고통받고 있다. 고독 결핍이란 "외부에서 입력되는 정보에서 벗어나 혼자 생각하는 시간을 거의 갖지 못하는 상태"를 말한다.7) 매튜 크로포드는 침묵(혹은 소음의 부재)을 공기나 물과 같은 필수적인 생존 요소에 비교한다. "깨끗한 공기가 호흡을 편안하게 해 주듯 침묵은 … 생각할 수 있게 해 준다."8) 아쉽게도 침묵은 이 시끄러운 세상 속에서 희소한 자원이다.

우리는 침묵과 반성의 공간을 조성해 그곳에서 오십 가지가 아닌 한두 가지에 오롯이 집중할 필요가 있다. 아름다움을 위한 공간을 마련하는 것은 이 시대에 팽배한 고독 결핍과 소음에 맞서 싸우는 하나의 방법이다. 이를 위해서는 휴식과 여가 같은 것을 소중히 여겨야 한다. 아울러 비생산적인 공간의 중요성을 인정하며, 매 순간 무엇이든 해야 한다고 말하는 세상에서 단순히 존재하는 것만으로도 의미가 있음을 받아들여야 한다. 『여가: 문화의 기반*Leisure: The Basis of Culture*』에서 요제프 피퍼는 말한다. "여가란 침묵의 한 형태로서 현실을 이해하는 데 필요한 전제 조건이다. 침묵하는 자만이 듣고, 침묵을 유지하지 못하는 사람은 듣지 못한다."[9] 침묵과 아름다움은 함께 간다. 아름다움을 충분히 느끼려면 침묵이 필요하고, 아름다움은 우리 안에서 침묵이 퍼져 나가도록 돕는다. 아름다움은 우리 안에 평온함을 조성해 시편 46:10이 우리 삶에 실제로 이뤄지게 한다. "너희는 가만히 있어 내가 하나님 됨을 알지어다."

아름다움은 안식하게 한다

아름다움은 소란한 세상에서 우리를 침묵하게 할 뿐만 아니라 속도를 늦추는 데도 도움을 준다. 일할 때 사람은 일하시는 하나님의 형상을 반영한다. 그러나 안식할 때도 우리는 하나님의 형상을 반영하는데, 하나님이 안식하시는 분이기 때문이다(창 2:2-3). 피터 스카지로Peter Scazzero는 이렇게 썼다. "하나님의 형상으로 존재하는 것의 본질은 하나님처럼 멈출 줄 아는 능력에 있다. 우리는 일을 멈추고 휴식함으로써 하나님을 본받는다." 안식은 생산성을 위해 매 순간을 최적화하는 디지털 세상에 저항한다. 안식일에 대한 성경적 개념은 이러한 사고방식에 정면으로 도전한다. 성경이 "아무것도 하지 않는 시간을 매주 일정에 포함시키라고 요구하기 때문이다. … 세상의 기준으로 볼 때 그것은 비효율적이고 비생산적이며 무용하다."10)

아름다움과 안식은 함께 간다. 둘 다 사치다. 비생산적이다. 불필요하다. 둘 다 하나님의 부요함을 반영한다. 이 세상이 얻어 내야 하는 상이 아니라 거저 주시는 선물임을 일깨워 준다. 아름다움이 없다고 문제될 건 없다. 사람이 일출과 교향곡과 절경을 보며 기뻐하는 것은 한 종species으로서의 생존과 무관하다. 시와 피칸파이를 음미하는 기쁨은 인간의 생존에 대한 다윈의 학설로는 설명할 수 없다. 이 아름다움을 해명하는 유일한 길은 우리가 아름다움을 누리시는 하나님의 형상으로 창조되었다고 말하는 것이다. 하나님은 참으로 비실용적인 분이다. 수만 종의 새와 사십만 종의 꽃을 보라. 자기만의 고유한 빛깔을 발하고 각기 다른 모양과 질감을 띠고 있다. 커민, 생강, 시나몬, 강황 등을 비롯한 수많은 향신료를 생각해 보라. 하나님은 사람이 순한 죽 같은 음식만 먹고 살도록 창조하실 수도 있었다. 그러나 그렇게 하지 않으셨다. 그분은 수천 종의 식용 식물과 동물을 지으셨고 여기서 수백만 가지 요리 조합이 만들어졌다. 그분은 사람에게 미각 기관인 미뢰를 주셔서 소금이 뿌려진 카라멜 젤라토, 버터밀크 프라이드치킨, 양고기 스튜 같은 각종 별미를 맛보게 하셨다. 하나님은 세상을 지으셨을 뿐 아니라 잠시 멈춰 자신이 지으신 것을 즐기셨다(창 1:31). 또한 그분은 즐길 줄 아는 존재로 우리를 창조하셨다. 아름다움이 존재하는 이유가 이 때문이다.

 안식일을 지키지 않고 아름다움을 즐길 공간을 마련하지 않는다면 우리는 자기도 모르게 하나님의 선하심을 의심하는 '결핍 의식'(무언가 늘 부족하다는 생각이나 느낌-옮긴이)을 드러내게 된다. 하지만 멈춰 서서 쉬고 먹고 장미꽃 향기를 맡을 때 우리는 세상과 이 세상의 주인되신 분에 대한 평온한 만족감을 드러내게 된다. 세상이 아무리 비극적이고 종잡을 수 없다 하더라도 잠시 멈춰 축제를 즐기는 (또는 낮잠을 자는) 자신감을 보이는 것이다. 피퍼는 여가를 즐기는 능력을 잠자는 능력에 비유하는데 현명한 통찰이 아닐 수 없다. "여가를 즐기는 사람은 잠자는 사람과 다르지 않다. 막 봉우리를 올린 장미, 뛰어 노는 아이들, 그리고 하나님의 신비를 고요히 바라보며 진정한 쉼을 누릴 수 있다면, 우리는 마치 단잠을 잔 것처럼 생기를 되찾을 것이다."11)

아름다움과 예배

이 책에서 다양한 방식으로 이야기했듯 지혜는 올바른 것을 아는 수준에 그치지 않는다. 지혜는 올바른 자세를 취하는 것도 포함한다. 지혜는 우리의 사랑을 올바른 질서 아래 두는 것이다. 아울러 하나님이 그저 알려지는 것에 만족하지 않으신다는 사실을 인정하는 것이다. 그분은 사랑받기를 바라신다. 그분은 우리가 그분의 임재를 머리뿐만 아니라 몸, 감각, 정서를 통해서도 경험하기를 바라신다.

이런 이유로 아름다움은 교회의 예배 관행에서 늘 중심에 자리했다. 우리는 주일마다 하나님에 관한 명제들을 무미건조하게 진술할 수도 있었다. 그러나 우리는 그 내용을 노래하기로 선택했다. 음악, 시적 언어, 교회 건축 등을 비롯한 미적 형식을 빌려 하나님을 찬양한다. 우리는 특히 세례와 성만찬 같은 물리적인 의식을 강조하는데, 이는 구체적인 형식이 우리의 마음을 형성하는 데 중요함을 인정하기 때문이다. 우리는 성만찬에서 떡을 먹고 포도주를 마시면서, 예수님을 아는 데 그치는 것이 아니라 그분을 사랑하고 느끼며 기억한다.

성만찬에는 우리가 아름다움에서 발견하는 지혜가 집약되어 있다. 성만찬은 아름다운 '형식'이 진리를 얼마나 강렬하게 전달하는지 보여 주는 본이다. 그것은 또한 문화적 수단을 통해 사건화되는 복음이기도 하다. 우리는 곡물과 포도를 날 것 그대로 먹지 않는다. 대신 떡을 먹고 포도주를 마신다. 떡과 포도주는 인간의 손길로 빚어낸 문화적 산물이다. 이 아름다움은 우리의 시선과 마음을 사로잡아 우리를 침묵시킨다. 현대 생활에서 군중이 다함께 침묵한 채로 한 대상에 집중하는 순간은 흔치 않다. 그러나 성만찬을 하는 동안 우리는 떡과 포도주의 의미를 묵상하는 데 온 마음과 생각을 집중시킨다. 거룩한 떡과 포도주는 '대비'(짭짤함과 달콤함, 고체와 액체)뿐 아니라 '긴장' 또한 아름답게 표현한다. 성만찬은 '이미, 그리고 아직'의 의식으로서 십자가를 '기억'하고 장차 도래할 하늘 잔치를 '기대'하게 한다. 마지막으로 성만찬에는 안식의 아름다움이 담겨 있다. 매주일 성찬대 앞으로 나아가 마태복음 11:28에 담긴 그리스도의 초청에 우리는 '네'라고 대답한다. "수고하고 무거운 짐 진 자들아 다 내게로 오라. 내가 너희를 쉬게 하리라." 알다시피 그분은 넉넉하신 분이다. 그분은 우리의 떡이자 물이며 생명이자 평화다. 어떤 책이나 기사나 트윗도 성만찬의 아름다움에 비견될 수 없다. 우리는 그 아름다움 속에서 우리를 먹이시고 구원의 은혜를 베푸시는 예수님을 떠올린다.

아름다움이 중요한 이유가 여기에 있다.

토의를 위한 질문

1) 우리는 합리적 관점에서, 즉 두뇌를 채우는 정보와 지식이라는 면에서 지혜를 생각하는 데 익숙하다. 그렇다면 마음과 감정은 지혜에서 어떤 역할을 할까? 그리고 아름다움은 우리의 마음과 감정을 형성하는 데 어떤 영향을 끼칠 것으로 보이는가?

2) 아름다움과 안식은 어떤 관련이 있는가? 쉼, 멈춤, 공간, 고요함 같은 요소가 지혜로운 삶을 사는 데 중요한 이유는 무엇일까?

3) 아름다움의 객관적인 기준이 존재할까? 아니면 단순히 보는 사람의 눈에 따라 다른 것일까? 이 질문에 답할 때, 지혜 피라미드의 다른 항목들이 어떤 도움을 줄 수 있겠는가?

인터넷과 소셜 미디어

내 사랑하는 형제들아 너희가 알지니
사람마다 듣기는 속히 하고 말하기는 더디 하며 성내기도 더디 하라
사람이 성내는 것이 하나님의 의를 이루지 못함이라
야고보서 1:19-20

이제 피라미드의 꼭대기에 도착했다. 하지만 여기서는 꼭대기가 최고를 의미하지 않는다. 음식 피라미드 꼭대기에 속하는 지방, 유지, 당류처럼 인터넷과 소셜 미디어는 지혜 식단에서 최소한으로 사용해야 한다.

문제는 우리가 인터넷과 소셜 미디어를 최소한으로 사용하지 않는다는 점이다. 마치 뷔페에 가서 양껏 먹듯이 먹고 또 먹는다. 쉴 새 없이 음식을 집어 오니 탈이 나는 건 당연하다. 물론 온라인 세계에 선한 것이 하나도 없다는 말은 아니다. 뷔페에 갔다고 해서 늘 탈이 나는 건 아니다. 자제력과 선한 의도만 있다면 어느 뷔페에서든 맛도 좋고 몸에도 좋은 음식을 찾을 수 있으며 몸에 좋지 않은 음식 섭취는 자제할 수 있을 것이다.

이런 이유 때문에 인터넷과 소셜 미디어가 지혜 피라미드에 남아 있는 것이다. 디지털 세계에도 우리가 발견할 수 있는 다이아몬드 원석이 있다. 그리고 실제로 우리 삶을 인터넷과 소셜 미디어로부터 완전히 떼어 놓는 일이 가능할까? 좋든 싫든 스마트폰은 우리의 세 번째 팔이 된 지 오래다. 스마트폰을 잃어버리면 마치 팔 한쪽을 잃어버린 기분이다. 와이파이는 우리의 산소다. 와이파이가 없는 곳에 있다고 상상만 해도 숨이 막히고 삶에서 단절된 것 같은 느낌이 든다. 이토록 불편한 현실이 있을까 싶지만 우리 삶의 현실이 그러하다.

이런 현실이 싫은 사람은 디지털 기기와 절연하고 철저히 아날로그적인 삶을 택할지도 모른다. 그런 사람은 아마도 행복할 것이다. 하지만 다른 모든 사람은 어떻게 해야 할까? 오늘을 사는 대부분의 사람은 오프라인의 삶에서 기쁨을 발견하지 못한다. 이른바 '디지털 디톡스'를 할 수도 있겠지만 어디까지나 특권층의 전유물이다. '모 아니면 도'와 같은 극단적인 해법으로는 인터넷과 소셜 미디어의 위험에 제대로 대처할 수 없다. 우리는 인터넷과 소셜 미디어를 지혜롭게 탐색할 수 있는 모델이 필요하다. 이를 위해서는 일단 장점을 취하고 단점을 피하는 습관을 쌓아야 한다. 이런 습관이 쌓일수록 지혜도 쌓인다.

인터넷과 소셜 미디어로 지혜를 얻는 세 가지 방법

인터넷과 소셜 미디어에 지혜를 위한 잠재적 가치가 있다는 것은 어떤 면에서일까? 알다시피 온라인 생활에는 단점이 많다. 그렇다면 장점은 무엇일까? 내가 보기엔 대략 세 가지가 있다.

1. 접근성

인터넷은 지식과 교육에 대한 진입 장벽을 제거했다. 공공도서관(서적에 대한 자유로운 접근성)이 지식 민주화로 나아가는 작은 발걸음이었다면 인터넷은 거대한 도약이었다. 컴퓨터나 스마트폰으로 인터넷에 접속할 수만 있다면 당신은 역사상 최고의 도서관 카드를 얻은 셈이다. 플라톤에서부터 프루스트와 플랜팅가에 이르기까지 과거의 현인은 죄다 만날 수 있다. 대학에서 얻을 법한 지식을 유튜브에서 얻을 수 있다. 인도 시골에 있는 사역자도 인터넷을 통해 각종 자료(에세이, 설교, 서평, 영상 강의)에 접근할 수 있기 때문에 성경을 활용하고 목양하는 데 도움을 얻을 수 있다.

그래서 나는 '복음 연합The Gosepl Coalition, TGC'의 편집자라는 내 직업을 좋아한다. 우리는 인터넷을 활용하는 사역 단체이며, 우리가 만든 신학 자료는 전 세계 그리스도인에게 무료로 배포된다. 태국의 한 새신자는 존 파이퍼의 설교를 우연히 접한 뒤 고통에 대한 건강한 신학을 배웠다고 했다. 마드리드의 한 학생은 온라인에서 팀 켈러의 글을 읽다가 그리스도인이 아닌 이웃들과 어울리는 법을 깨달았다고 했다. 그런 사연을 들을 때면 내 마음 한구석이 따뜻해진다. 덴마크의 목회자들과 텍사스의 작가 지망생들이 내가 쓴 문화 비평에서 영감을 받았다며 이메일을 보내 왔다. 그런 이야기가 내게 얼마나 큰 기쁨인지 모른다.

이런 일이 가능한 건 인터넷 때문이다. 인터넷 덕분에 사람들은 주변에서 들을 수 없었던 새로운 견해나 관점을 듣게 된다. 뿐만 아니라 귀감이 될 만한 새로운 인물이나 사고방식을 발견하게 되기도 한다. 인터넷은 우리에게 "너도 가능해!"라는 확신을 심어 줄 수 있다. 그리고 지도자나 사상가, 또는 나와 공감대를 형성하는 사람을 소개시켜 주기도 한다. 때로는 이들로부터 값진 용기를 얻는다. 얼굴 한 번 본 적 없지만 블로그, 팟캐스트, 인스타그램을 통해 만난 사람들이 내 삶에 깊은 영향을 끼치기도 한다.

물론 우리가 온라인에서 받고 있는 영향력에도 단점은 있다. 온라인에서 들려오는 목소리가 우리 영혼에 자양분을 주는 속도만큼 빠르게 우리 영혼을 병들게 할 수 있다. 그러나 오히려 이런 단점 때문에 우리는 인터넷을 포기하기보다는 구속하려 노력해야 한다. 이를 위해 진리의 목소리를 드높이고 지혜의 참 본보기를 보여야 한다.

2. 플랫폼

인터넷 '접근성'은 잠재된 진리의 목소리를 보다 많이 노출시켜 공평한 경쟁의 장을 만든다. 그에 비해 인터넷 '플랫폼'은 주목받지 못했던 가치 있는 목소리를 드러내어 공평한 경쟁의 장을 만든다. 오늘날의 시끄러운 온라인 세계에서는 말처럼 쉽지 않겠지만, 이론상으로 인터넷을 접속하는 사람이라면 누구나 소셜 미디어 계정을 만들고 자신의 이야기를 들려줄 수 있다. 당신에게 돈, 인맥, 학력을 비롯한 특권이 없다 해도 세상의 수많은 사람에게 도움이 될 만한 무언가를 이야기하거나 창조할 수 있다. 싱어송라이터 지망생이든 사진작가 지망생이든 나름의 사연을 지닌 보통 사람이든 상관없다. 이제는 내 목소리를 들려주기 위해 관계자를 만나거나 출판 계약을 두고 씨름할 필요가 없다. 당신의 청중에게 직접 접촉하면 된다. 그러나 이 역시 큰 도전이다. 이목을 끌기 위해 앞다투어 경쟁하는 데 지친 세상에서 청중을 모으고 당신에게 주목시킬 방법이 있을까?

그럼에도 플랫폼의 잠재력은 분명히 존재한다. 블로그에 게시한 글이 입소문을 타고 인터넷상에서 알려지면 출판 경험이 없는 작가도 출판 계약을 할 수 있다. 유튜브 크리에이터인 한 아이를 디즈니가 고용한다. 한 십대 청소년은 인스타그램 계정 하나로 수백만 명을 거느린 인플루언서가 되기도 한다. 물론 수많은 청중에 영향을 미치는 사람이 많다고 해서 세상이 꼭 현명해지는 것은 아니다. 그렇지만 관점의 스펙트럼이 다양해진다는 점은 분명하다. 인터넷 시대에서는 역사적으로 소외되고 저평가되었던 목소리에 귀를 기울일 수 있다. (물론 드문 경우이긴 하지만) 최상의 상태일 때 소셜 미디어는 사람들이 전례 없는 방식으로 소통하고 토론하며 배우는 마을의 공터가 될 수 있다. 소셜 미디어는 부정부패를 드러내고 주목받지 못했던 투쟁에 스포트라이트를 비춘다. 자기 삶의 터전에서는 발언 기회조차 없던 사람들도 트위터에서는 가감없이 말할 수 있다. 이곳은 피드백을 주고받으면서 아이디어를 구체화하는 실험실이 될 수 있다. 숱한 고민으로 씨름하는 사람들을 위한 고해의 공간이 될 수 있다.

알다시피 플랫폼은 누구나 확성기를 들고 핏대를 세우며 말하는 공간이다. 그렇다면 어디에나 존재하는 플랫폼은 결국 소음이 난무하는 혼미한 이 시대를 악화시키는 것이 아닐까? 물론이다. 그러나 소셜 미디어 플랫폼은 세상이 반드시 들어야 하는 음성을 들려주기도 한다.

3. 합의

플랫폼의 단점 중 하나는 숱한 사람이 무수한 말을 쏟아내다 보니 결국 소음이 된다는 점이다. 감사하게도 인터넷은 소음에 대처할 수 있는 메커니즘을 갖추고 있다. 그것이 바로 '합의consensus'란 가치다. 이는 크라우드 소싱crowd-sourcing(기업 활동 일부 과정에 대중을 참여시키는 것—옮긴이)에 기반해 집단 지성을 구축하는 것인데, 대표적으로 위키피디아, 아마존 후기, 옐프 랭킹 시스템, 유튜브의 '좋아요' 등이 있다. 정보 과부하 시대에 우리는 무엇에 주목하고 있을까? '좋아요', '공유', '리트윗' 등의 평가 기준이 없었다면 이 질문은 우리를 지금보다 더 맥빠지게 하고 말았을 것이다. 소위 '바이럴'(입소문)이 갖고 있는 복합적인 힘은 모든 문제에 대해 최소한의 필터 역할을 한다는 점이다. 많은 사람이 온라인에서 관심을 갖고 공유하기 시작한다면 시간을 투자할 가치가 있는 것 아닐까?

바이럴 효과에도 단점은 있기 마련이다. 과장되는 효과, 트위터 몹(트위터 상에서 여론을 만들기 위해 트윗을 집단적으로 쏟아내는 행위—옮긴이), 대세에 편승하는 분위기, 사회적 전염, 철회문화cancel culture(나와 생각이 다른 사람의 SNS를 끊는 행위로 주로 유명인을 대상으로 한다—옮긴이), 빠르게 퍼지는 거짓 정보 등은 모두 온라인의 강력한 응집력의 결과물이다. 그러나 최선의 경우 이러한 응집력을 이용해 선한 목표를 이룰 수 있다. 여태껏 외면해 온 사회적 불의에 관심을 불러일으키거나 유명인사에게 사회적 책임을 환기시키거나 사람들이 침묵을 깨고 진실을 말하도록 용기를 북돋을 수 있다. '미투' 운동은 이에 대한 소중한 사례라 할 수 있다. 소셜 미디어의 힘, 그리고 여기서 머릿수의 힘으로 확보한 안전지대 안에서 폭력의 희생자들은 고독감과 공포심을 벗어던지고 자신의 이야기를 하기 시작했다. 그 결과 어두움이 빛 아래 드러나고, 감춰졌던 진실이 폭로되었다. 성폭력 가해자 다수는 법의 심판을 받게 되었다.

인터넷이 보여 주는 합의의 힘은 강력한 견제와 균형의 원리로 작동할 수 있다. 호텔이나 레스토랑에 관한 온라인 리뷰 때문에 업주들은 침대와 욕실의 위생 상태나 음식의 맛을 꼼꼼하게 챙긴다. 영화비평 사이트에서는 관객들이 좋은 영화를 택하고 나쁜 영화를 피하도록 도와준다. 정치인이 실언을 하거나 기자가 허위 발언을 하면 누리꾼들이 가만둘 리 없다. 인터넷 시대에서는 아주 작은 거짓말도 숨길 수 없다. 거짓은 만천하에 드러날 것이다. 부정은 색출될 것이다. 결국 진실이 밝혀질 것이다. 이 무서운 현실 때문에 너 나 할 것 없이 긴장의 끈을 조이고 언행을 삼가한다면, 이는 충분히 감사해야 할 일이다.

온라인에서 지혜를 배양하는 다섯 가지 습관

인터넷과 소셜 미디어는 우리가 지혜를 기르는 데 도움을 줄 수 있다. 다만 세심히 접근하고 선한 의도로 잘 사용해야 한다. 이를 위해 아래에 제시된 다섯 가지 습관을 잘 살펴보라. 당신의 삶에서 온라인 미디어가 차지하는 위치를 평가하게 해 줄 것이다.

1. 목적 없는 '서핑'은 자제하라

'인터넷 서핑'은 우리의 온라인 행태를 묘사하기 위해 예전부터 사용해 온 은유였다. '자, 이 링크로 어디까지 갈 수 있는지 보자' 하는 느긋한 자세로 파도 타듯 웹을 누비는 모습이 그려지지 않는가? 그러나 온라인 세상으로 나가 활짝 열린 공간을 누비는 이러한 자세를 갖다 보면, 결국 우리 삶의 모든 틈을 소셜 미디어상의 진부한 논쟁이나 마음을 가라앉히는 고양이 영상 등 덧없는 것들로 채우게 된다. 폰으로 뛰어들어가 어디로든 가려는 무의식적 충동은 결국 우리를 어둠의 장소로 끌고 간다. 그곳에서는 음란물, 유해한 하위문화, 무익한 댓글 전쟁이 벌어진다. 우리는 정지 신호에서 30초를 기다리거나 드라이브스루 매장에서 줄을 서 90초를 보낼 때 등 잠깐의 짬도 참지 못하고 온라인 세계로 뛰어든다. 이 때문에 우리 삶에는 티끌만 한 여백도 자리하지 못한다. 이는 지혜를 배양하는 데 최악의 환경인 셈이다.

유익한 책, 『공통 규칙The Common Rule』에서 저스틴 얼리Justin Earley는 짬이 날 때 온라인에서 방황하는 것보다는 차라리 "벽이나 보는 게 훨씬 유익하다"고 말한다. 또 침대에서는 소셜 미디어를 피하고 계획 없이 이곳저곳 스크롤하지 말 것을 제안한다. 이러한 습관은 우리가 "내 눈을 사로잡을 무언가에 늘 굶주리고 있음을 뜻한다. 그리고 소셜 미디어에서는 이상하고 음침한 콘텐츠가 눈에 들어오기 마련이다."[2] 디지털 유랑자들은 화를 자초하고 있는 셈이다. 무턱대고 온라인에 접속하지 말자. 계획과 목적을 분명히 하고, 온라인에서는 필요한 만큼만 머물도록 하자.

2. 양보다는 질

온라인에서 목적 없이 방황하기보다는 목적을 갖고 활동하기 위해서는 시간이 중요하다. 칼 뉴포트가 『디지털 미니멀리즘Digital Minimalism』에서 건넨 조언을 깊이 생각해 보자. 그는 다음과 같이 매우 흥미로운 정의를 내린다. "기술 사용의 철학이란, 온라인에서 시간을 보내는 동안 당신이 가치 있게 여기는 것을 지원해 주는 엄선되고 최적화된 활동에 집중하고 나머지는 행복하게 흘려보내는 것이다."[3)]

  온라인에서 무엇을 읽고 보고 듣고 경험해야 할지 어떻게 선택해야 할까? 첫째, 당신의 삶에서 신뢰할 만한 사람들의 조언에 귀를 기울이자. 광고주가 트위터에 올린 기사를 읽을 것인가, 아니면 믿음직한 친구들 열 명이 페이스북에 공유한 기사를 읽을 것인가? 후자를 선택하라. 신뢰할 만한 웹사이트의 리뷰를 읽고 난 후에 어떤 책을 읽을지 결정하라. 신뢰할 만한 영화 평론가의 글을 참조한 뒤에 어떤 영화를 볼지 선택하라. 팟캐스트나 넷플릭스 프로그램은 한 달에 하나 보는 것으로, 특히 신뢰할 만한 사람들의 추천작을 보는 것으로 제한하라. 당신만의 시간이 없어지고 모든 것이 앞다투어 당신의 관심을 끌기 위해 경쟁하는 세상이다. 그러니 눈앞에 등장한 것을 엉겁결에 클릭하는 수동적인 소비자가 되지 말라. 그런 건 흘려보내도 괜찮다. 푸짐하지만 정성 없는 간식보다는 적은 양일지라도 엄선된 요리를 먹을 때 당신의 지혜가 자란다.

  3. 속도를 줄이라!

  당신이 온라인 환경의 속도를 제어할 수 없다 해도 당신의 속도를 제어할 수는 있다. 느린 속도는 지혜를 기르는 데 늘 도움이 된다. 이 책에서 되풀이되는 주제 중 하나는 시간이 지혜를 위한 훌륭한 필터라는 것이다. 오래된 것일수록 가치 있을 확률이 높다. 관심 끌기에 급급한 기사나 인기 급상승 영상 따위에 시간을 쓰지 말라. 대신 조금 기다렸다가 시류에 편승하지 않는 기사를 읽으라(대개는 그런 글이 훨씬 유익하다). 사람들이 여전히 참조하고 있는 시사매거진 「애틀랜틱」의 기사를 읽으라. 이 주의 핫클립보다는 유튜브에서 고전으로 자리 잡은 영상을 보라. 신상 딱지가 사라진 지 오래되었는데도 변함없이 추천하는 것에는 시간을 할애해도 된다. 온라인에서 많은 것을 놓친다고 해서 두려워할 필요가 없다. 대부분은 잊힐 만한 것이며 금세 사라질 것이다. 역사의 필터가 집중해야 할 이유를 제시할 때까지 속도를 줄이는 것은 온라인에서 지혜로운 소비자가 되는 길이다.

  온라인에서 의견을 개진할 때도 이와 같은 태도가 필요하다. 소셜 미디어에 의견을 게시하거나 선동적인 발언을 옮기는 문제에 있어 속도는 기만적이다. 우리는 근거가 있는지 따져 보지 않은 채 온라인 속 대세에 쉽게 편승한다. 어떤 정보를 공유하기 전에 시간을 들여 그에 담긴 진실과 지혜를 검토하라. 글을 게시하기 전에 당신의 언어가 끼칠 파급력을 고민해 보라. "말하기를 더디 하라"는 성경의 지혜를 기억하라.

4. 노출을 다양화하라

디지털 미디어가 개별 소비자의 선호도를 분석해 맞춤형으로 진화하다 보니 3장에서 다룬 문제는 더욱 악화되고 있다. 그러나 우리가 듣고 있는 목소리를 다양화한다면 이 문제를 해결할 수 있다. 확증 편향을 부추기는 기사는 제쳐 두라. 당신의 생각이 옳다고 말해 주는 라디오 쇼에만 주파수를 맞춰서는 안 된다. 상대방의 주장을 명료하게 다룬 글에 관심을 두어야 한다. 최선을 다해서 상대방의 입장을 이해함으로써 이념적인 반대자(그리고 당신 자신)를 존중하라.

당신의 소셜 미디어 피드를 다양한 관점으로 채워 보라. 정치, 문화, 지리, 인종 등 여러 영역을 아우르는 다채로운 시선을 더해 보자. 타국에서 당신 나라의 뉴스를 어떻게 다루는지 보라. 당신이 익숙하게 느끼는 영역에 갇히지 말고 새로운 팟캐스트를 들어 보자. 스트리밍 사이트에서 한 주제에 관해 깊이 고민하게 하는 다큐멘터리를 시청하자. 인터넷 플랫폼을 활용해 다른 방법으로는 들을 수 없었던 목소리에 귀 기울여 보자. 디지털 이웃을 사랑하는 한 가지 방법은 듣기 힘든 이야기더라도 끝까지 들어주는 것이다. 하지만 기억하라. 타인의 관점에서 진리의 일면을 찾는다고 해서 그의 말에 완전히 동의할 필요는 없다.

5. 좋은 건 공유하라

인터넷과 소셜 미디어가 주는 혜택 중 하나는 개인적으로 유익하거나 좋거나 진실되거나 아름답다고 여기는 것을 쉽게 공유할 수 있다는 점이다. 『시편 사색 Reflections on the Psalms』에는 C. S. 루이스의 글 중 내가 특히 아끼는 글이 나온다. "우리가 우리에게 즐거움을 주는 것들을 찬양하기 좋아하는 까닭은 찬양이 단순히 즐거움을 표현해 줄 뿐 아니라 완성해 주기 때문이라고 생각한다."[4] 좋아하는 영화나 책을 온라인에 게시하거나 배우자, 자녀, 뒷마당 등을 비롯한 당신의 기쁨을 인스타그램에 공유한다고 해서 나쁠 것이 없다. 여기에 덧붙는 사람들의 찬사는 기쁨의 큰 몫을 차지한다. 좋은 음악을 찾는 것이 좋다면, 음악 스트리밍 사이트에 플레이리스트를 만들어 공유해 보자. 아름다운 건축물 사진을 즐겨 찍는다면, 인스타그램에 올려 보자. 레스토랑이나 묵었던 호텔이 마음에 들었다면, 다른 사람들이 참고할 수 있도록 멋진 리뷰를 작성해 보자. 인터넷을 활용해 당신이 사랑하는 것으로 타인을 축복하되, 당신이 미워하는 것으로 타인의 분노를 부추기지 말라.

모든 사람이 혐오스러운 트윗과 공격적인 발언을 자제하고 좋은 것을 축하하기 시작한다면 어떤 일이 벌어질까? 온라인 플랫폼을 통해 자신의 생각이나 미덕을 과시하기보다 타인을 예찬한다면 어떤 일이 벌어질까? 모르는 사람을 공개적으로 조롱하기보다 아는 사람을 공개적으로 칭찬하는 데 시간을 쓰면 어떨까?

포기하지 말고 구속하라

알다시피 인터넷과 소셜 미디어는 영적 박테리아의 온상이 되곤 한다. 단점이 너무 강하다. 지혜 피라미드에서 가장 적은 비중을 차지하는 것도 이 때문이다. 그렇다면 인터넷은 더 이상 가망이 없을까? 벌레가 득실거리는 폐건물이나 체르노빌처럼 방사선이 할퀴고 간 폐허는 모조리 불태우고 다시 시작해야 할까? 그렇지 않다. 특별히 산으로 올라가 아날로그적인 삶을 꿈꾸는 그리스도인이라면 귀담아 들어야 한다. 그리스도인들은 한센병 환자촌이나 에볼라 바이러스로 고통받는 나라, 그리고 역병이 창궐한 중세 도시에서 제 몸을 사리지 않고 이웃을 치유했다. 인터넷과 소셜 미디어도 마찬가지다. 떠나기보다는 남기를 택하는 빛의 사람이 절실히 필요하다.

조심하지 말라는 게 아니다. 전신 방호복을 입은 채 온라인에 접속하자. 손전등도 챙기자. 온라인상의 질병은 전염성이 높으니 항상 위험에 주의하라. 병자를 버리지 말라. 이 공간이 썩게 내버려 두지 말라. 치유하고 구속하고 어둠 속에서 빛이 되는 길을 찾자. 생명과 진리와 지혜의 근원인 성경, 교회, 자연, 책, 아름다움을 온라인 공간 안에서 널리 퍼뜨리자. 온라인을 향해 저 밖 오프라인으로 나가 시원한 공기를 마시라고 권하되, 온라인의 공기 질 개선을 위해 해야 할 일을 하라. 가상 세계라는 숲을 몰벌하지 말고 당신의 선한 언행으로 그 세계 속에서 가상의 꽃과 나무를 심으라. 유해한 영적 콜레스테롤과 인공 감미료로 범벅된 음식이 가득한 곳에서 맛도 영양도 풍부한 음식을 제공하라.

온라인 시대의 인식론적 질병에 대해서라면 예방접종만이 능사가 아니다. 치료제를 찾기 위해 당신의 역할을 다하라.

토의를 위한 질문

1) 이번 장에서는 인터넷과 소셜 미디어가 지혜에 보탬이 되는 방법 세 가지를 강조했다. 이외에 다른 방법이 있다면 함께 나눠 보자.

2) 특정한 날에 온라인에서 일어난 많은 일을 놓친다고 해도 문제 될 게 없다. 하지만 그런 속사정까지 다 알아야 한다는 사회적 압력이나 개인적 유혹을 느끼고 있는가? 어떻게 하면 이런 시류에 맞설 수 있겠는가?

3) 당신이나 가족 모두를 위해 온라인에서 보내는 시간을 제한하는 데 효과적인 습관이 있는지 이야기해 보라.

지혜의
참 모습

그러므로 누구든지 나의 이 말을 듣고 행하는 자는
그 집을 반석 위에 지은 지혜로운 사람 같으리니
마태복음 7:24

내가 가장 좋아하는 찬양 두 곡이 있는데 모두 지혜로운 건축자와 어리석은 건축자 비유에서 영감을 받았다. 첫 번째 찬양은 주일학교에서 손동작을 곁들여 아이들과 함께 부른다.

반석 위에 집을 짓는 지혜로운 자
반석 위에 집을 짓는 지혜로운 자
비가 오고 홍수가 나도
반석 위의 집 굳건하네.

모래 위에 집을 짓는 어리석은 자
모래 위에 집을 짓는 어리석은 자
비가 오고 홍수가 나면
모래 위의 집 무너지네.1)

나머지 한 곡은 에드워드 모트Edward Mote가 쓴 유명한 찬송, '이 몸의 소망 무언가'(찬송가 488장)다. 그 곡의 후렴 가사는 다음과 같다.

견고한 반석 그리스도 그 위에 내가 서리라.
다른 모든 땅은 모래라네.2)

두 찬양이 내게 각별한 이유는 전하고자 하는 내용이 단순하지만 심오하기 때문이다. 두 곡 모두 견고한 토대 위에 세운 삶이 번창한다는 내용이다. 잘못된 토대 위에 세운 삶은 붕괴한다. 이것이 지혜 피라미드의 핵심 개념 중 하나다. 올바른 토대는 그 위에 있는 것을 자신과 무관한 것으로 여기지 않고 구조적으로 튼튼하게 만든다. 반면 잘못된 토대는 결국 붕괴와 재난으로 이어진다. 이것은 오늘날 우리가 당면한 문제다. 우리는 지혜 피라미드를 뒤집은 채 누가 봐도 무너질 모래에 불과한 소셜 미디어와 인터넷을 토대로 삼는다. 이것은 재앙을 부르는 지름길이다.

올바른 토대 위에 세운 삶은 균형이 잘 잡혀 있고 견고해서 비와 바람과 침식에도 흔들리지 않는다. 지혜를 따르는 삶이란 바로 그런 삶이다.

지혜의 세 가지 표지

이 책의 1부에서는 우리를 어리석게 만드는 정보화 시대의 세 가지 경향을 강조했다. 즉, 지나치게 많고 지나치게 빠르며 지나치게 자기중심적이라는 것이었다. 2부에서는 지혜와 영적 건강에 도움을 주는 정보 식단을 위한 패러다임을 제시하고자 했다. 이 패러다임을 진지하게 받아들인다면 우리 삶은 어떻게 달라질까? 우리 삶에서 시대의 풍조를 거스르면서도 새로운 결실이 맺힌다면 구체적으로 어떤 결실일까? 우리가 기대하는 세 가지 표지는 다음과 같다.

1. 지나치게 많은 세상에서 분별하기

푸짐하게 차려진 뷔페에 갔을 때 맛있어 보이는 요리는 일단 접시에 담고 보는 사람이 있다. 지혜로운 사람은 그런 사람과 다르다. 지혜로운 사람은 접시가 찼다 싶으면 자제하며, 행여 나중에 탈이 나지 않도록 음식을 적당하게 선택한다.

정보 폭식이 팽배한 오늘날의 세상에서 지혜란 곧 '지향 intention'을 뜻한다. 과잉 정보에 무턱대고 달려들 게 아니라 계획을 가지고 접근해야 한다. 미련한 이들이 자기 길을 바로 가는 사람을 향해 유혹의 소리를 높여 이리 오라고 손짓해도(잠 9:13-18), 지혜로운 사람은 한눈팔지 않고 시선을 앞으로만 고정해 의의 길을 가며 좌로든 우로든 치우치지 않는다(잠 4:25-27).

오늘날 세상에서 지혜는 시간 훈련과 다름없다. 소셜 미디어 피드를 스크롤하기보다 성경을 넘기는 데 더 많은 시간을 보내야 한다. 꽹과리처럼 요란하게 울리는 케이블 뉴스보다 자연이라는 고요한 공간에 더 몰입해야 한다. 온라인 클릭처럼 이를 썩게 하는 사탕보다는 건강한 지역 교회를 더욱 갈망해야 한다. 이런 시간은 건강한 정보 섭취의 리듬을 만든다. 진리를 가져다줄 수 있는 근원 위에 당신의 하루, 한 주, 일생을 세우라.

2. 지나치게 빠른 세상에서 인내하기

(속도와 효율성이 최고의 가치이기 때문에) 패스트푸드, 드라이브 스루 매장 음식, 빠르게 준비한 간식으로 대부분의 끼니를 때우는 사람과 달리 지혜로운 사람은 보다 느린 속도를 선호한다. 자기 몸으로 들어가는 것이 얼마나 중요한지 잘 알기 때문에 시간을 들여 신중하게 먹거리를 고른다. 그는 천천히 먹으며 맛을 음미한다. 그리고 영양이 풍부한 음식은 조리하고 먹는 데 시간이 걸린다는 사실도 인식한다.

정보가 빠르게 이동하는 오늘날 세상에서 지혜란 인내를 뜻한다. 지혜는 정보나 경험을 서둘러 축적하는 데 집중하기보다는 천천히 꼼꼼하게 일을 처리하려는 마음이다. 지혜는 편의성과 낮은 집중도를 선호하는 시류를 거부하고 좀더 길고 깊은 무언가를 선택한다. 지혜는 교회에 와서 앉거나 친구들과 카페 테이블에 앉아 수다를 떨 때 휴대폰을 꺼 둔다. 지혜는 한 주 동안 오갔던 열네 개의 트위터 논쟁에 무지한 것에 대해 흡족해한다.

지혜는 쉼과 같다. 일할 목록이나 푸시 알림 없이 집에서 낮잠을 자고 쉬며 고요히 보내는 시간에 지혜가 스며든다. 지혜는 하나님이 우리와 달리 상시 접속된 분임을 신뢰하는 것이다. 우리는 필멸의 피조물이기에 분명한 한계를 갖는다. 우리가 잠들거나 심지어 죽을 때도 세계는 우리 없이 돌아간다. 사실 잠은 죽음을 위한 연습이다. 이 생체 주기를 우리의 신경조직망에 심어 두어 매일 우리의 연약함과 필멸함을 상기시켜 주시다니 하나님은 참으로 놀라운 분이다. 눕고 눈을 감을 때 우리는 시체와 닮아 있다. 잠들 때 우리는 삶과 죽음 사이에 있는 미지의 영역에 들어선다. 완전히 고요하면서도 민감한 곳이기에 어떤 면에서는 깨어 있을 때보다 주의를 기울이게 된다. 하나님은 지혜를 위해 쉼과 잠을 창조하셨다. 그러니 그것을 누리라! 온라인을 달구고 있는 소식은 놓치겠지만 그래도 괜찮다. 숙면을 취했다는 이유만으로도 당신은 훨씬 지혜로워질 것이다.

3. 지나치게 자기중심적인 세상에서 겸손하기

맛있어 보이는 것만 골라 먹고 오로지 식욕에 기초해 식단을 정하는 사람과 달리 지혜로운 사람은 타인의 전문지식에 귀 기울인다. 레스토랑의 웨이터, 셰프, 의사, 영양사의 말을 귀담아 듣는 것이다. 지혜로운 사람은 자신의 입맛과 취향에 오류가 있을 수 있음을 인정한다.

초 개인화된 아이월드 iWorld에서 지혜는 겸손한 모습을 띤다. 기술이 모든 의사 결정의 중심에 우리를 두고 있지만 지혜는 우리 자신이 최고의 권위가 될 수 없음을 인지한다. 아울러 지혜는 열의를 가지고 타인의 가르침을 추구한다. 우리 자신의 본능이나 직감에 대해 건강하게 회의한다는 것이다. 잠언 3:5-8은 그런 점을 절묘하게 포착한다.

> 너는 마음을 다하여 여호와를 신뢰하고
> 네 명철을 의지하지 말라.
> 너는 범사에 그를 인정하라.
> 그리하면 네 길을 지도하시리라.
> 스스로 지혜롭게 여기지 말지어다.
> 여호와를 경외하며 악을 떠날지어다.
> 이것이 네 몸에 양약이 되어
> 네 골수를 윤택하게 하리라.

지혜는 지적 겸손으로서 나만이 진리를 안다고 과신하지도, 하나님이 진리를 계시하신다는 사실을 불신하지도 않는다. 제임스 패커가 말했듯 지혜란 "우리의 지적 유능함이 하나님의 진리를 시험하고 검증하는 데 있지 않음"을 아는 것이다. 그는 이렇게 말을 이어 간다.

> 우리는 이해력이 부족하다고 해서 믿기를 중단하거나 진정한 이해에 도달할 때까지 믿기를 유보하지 않는다. 우리는 오히려 이해하기 위해 믿는다. 아우구스티누스도 이렇게 말했다. "믿지 않는다면 결코 이해하지 못할 것이다."

먼저 믿고 나중에 보는 것이 하나님의 질서이며 그 반대는 성립하지 않는다. 믿음을 갖기를 원하는 마음이야말로 우리 믿음의 신실성에 대한 증거다.3)

지혜는 "믿음을 갖기를 원하는 마음"이 가져다주는 평화다. 불안이 증폭되는 이유 중 하나는 어디에나 정보가 존재하다 보니 알고 읽고 보고 배워야 하는 것들이 틈만 나면 우리를 들쑤시기 때문이다. 그러나 지혜는 우리가 모든 것을 알 수는 없음을, 그래도 괜찮음을 받아들인다. 우리는 많이 배우고 배움의 기쁨 또한 충만하지만, 무한한 지식의 열매는 우리 것이 아님을 기쁘게 수용한다.

막간: 지혜는 해방이다

지혜가 자유롭게 하는 까닭은 그것이 자아 외부의 권위 아래 있기 때문이다. 그러나 억압자와 피억압자, 헤게모니, 가부장제, 상호교차성(성별, 성정체성, 인종, 민족, 계급 따위의 정체성이 결합되었을 때 원래 없던 차별이나 특권이 생기는 경우를 말하는 개념—옮긴이), 문화적 전유 등을 비롯한 각종 권력의 역학 관계로 돌아가는 세상에서 이러한 개념에 회의를 갖기 쉽다. 물론 수많은 인간적 권위들은 억압적이며 우리의 번영에 도움이 되지 않는다. 하지만 그렇다고 해서 권위라는 개념 자체를 무시해도 되는 것은 아니다.

최선의 상태일 때 외적 권위는 우리를 억압하는 것이 아니라 성장시킨다. 이탈리아 출신의 가톨릭 철학자 아고스토 델 노체Agosto Del Noce에 따르면 '권위'라는 단어의 어원에는 '성장'이란 뜻이 담겨 있다(라틴어로 권위를 뜻하는 *auctoritas*는 '자라게 하다'는 뜻의 *augere*에서 나왔고 이는 '성장하게 하는 자'라는 뜻의 *Augustus*와 연결된다). 어원을 살펴보면 권위에 대한 현대적 통념과는 정반대다. 지금은 다들 '권위'가 성장을 가로막는 장애물이라고 여긴다.4) 오늘날 세상에서는 자유를 일종의 방어 기제로 삼는다. '무엇을 향한to' 자유라기보다는 '무엇으로부터의from' 자유에 불과하다. 우리 사회는 우리가 아무런 외적 권위나 자아 외부의 객관적 실재에 예속되지 않을 때 자유롭다고 선언한다. 그렇지만 이것이 진정한 자유일까?

예수님은 "완전한 자율성이 너희를 자유롭게 하리라"고 말씀하지 않으셨다. 그분은 "진리가 너희를 자유롭게 하리라"(요 8:32)고 말씀하셨다. 참 자유는 항상 진리에 매여 있다. 이 진리는 객관적이면서도 누구에게나 통용되며, 우리의 의견과 감정과 변덕과 상관없는 곳에서 찬연히 빛나고 있다. 진리가 없다면 우리는 스스로 만든 감옥에 감금될 것이다. 그러나 하나님께 감사하게도, 진리는 추상적인 의미에 갇혀 있는 게 아니라 현실에 생생히 살아 있다. 진리는 예수 그리스도,

그분의 인격 안에 있다. 그분은 "내가 곧 길이요 진리요 생명"(요 14:6)이라 말씀하신 분으로서 지쳐 쓰러진 모든 디지털 유랑자를 부르사 내 발아래 앉아 쉬라고 말씀하신다.

> 수고하고 무거운 짐 진 자들아 다 내게로 오라. 내가 너희를 쉬게 하리라. 나는 마음이 온유하고 겸손하니 나의 멍에를 메고 내게 배우라. 그리하면 너희 마음이 쉼을 얻으리니 이는 내 멍에는 쉽고 내 짐은 가벼움이라(마 11:28-30).

"내게로 오라" + "내게 배우라" = "너희 마음이 쉼을 얻으리니." 이 공식에 주목하라. 참 자유를 산출하는 공식이 존재한다면 분명 이 공식이라고 확신한다.

지혜로 가는 세 가지 방향

성경에서 지혜가 종종 '길'과 연결된다는 점에 주목하자. 당신은 올바른 방향으로 가고 있는가? 길에서 벗어나 있지는 않은가? 지도상에서 당신의 위치를 알고 있는가? 당신의 나침반은 무엇인가? 결국 가장 중요한 것은 지혜란 정보가 아니라 방향이란 사실이다. 북쪽에 대한 지각이 없다면 세계의 모든 지리적 좌표는 쓸모가 없다. 하나님의 선한 나침반이란 권위에 복종하기 전까지 우리 모두는 제 마음이 가리키는 방향을 따라 유랑한다. 그분만이 지혜의 길을 환히 드러내신다. 어리석은 사람은 내심 "하나님이 없다"(시 14:1)고 말하면서 광야를 정처 없이 유랑한다. 그러나 지혜로운 사람은 하나님만을 중심으로 살아간다. 토저는 이렇게 말한다.

> 항해사가 바다 위에서 태양의 고도를 측정해 자신의 위치를 알아내듯이 우리도 하나님을 바라봄으로써 우리의 도덕적 향방을 알 수 있다. 우리는 하나님으로부터 시작해야 한다. 하나님과의 관계에 있어 올바른 위치에 서 있을 때에야 우리는 올바른 것이다. 다른 어떤 위치에 서 있는 한 그만큼 오래, 그만큼 멀리 우리는 오류 가운데 있게 되는 것이다.5)

나는 지혜에 대한 이 책의 성찰을 마무리하면서 "하나님과의 관계에 있어 올바른 위치"에 대해 생각해 보고 싶다. 이러한 방향은 어떤 것일까? 이 책을 통해 가르치고 싶은 교훈은 이것이다. 지혜의 진면목을 이해하고 싶다면 지혜가 바라보고 있는 그분을 이해하고 듣고 사랑해야 한다. 그분은 "영원하신 왕 곧 죽지 아니하고 보이지 아니하고 홀로 지혜로우신 하나님"이다(딤전 1:17, KJV).

1. 하나님을 바라보라

인생에는 볼 것이 참 많다. 우리 눈은 실제 보는 것보다 훨씬 빠르게 깜빡인다. 지혜는 하나님께 시선을 고정한다. 지혜는 하나님을 바라보고 그분께 기도하며 열심히 그분을 찾는다. 시편은 끊임없이 이 점을 강조한다.

- "내 눈이 항상 여호와를 바라봄은"(시 25:15).
- "주의 인자하심이 내 목전에 있나이다"(시 26:3).
- "그들이 주를 앙망하고 광채를 내었으니"(시 34:5).
- "우리의 눈이 여호와 우리 하나님을 바라보며"(시 123:2).

히브리서 저자는 우리에게 호소한다. "믿음의 주요 또 온전하게 하시는 이인 예수를 바라보자"(히 12:2).

토저는 믿음을 이렇게 정의한다. 믿음이란 "구원하시는 하나님을 향한 한 영혼의 바라봄이자 … 우리 자신의 시야에서 벗어나 하나님께 초점을 맞추는 것이다."6) 시선의 방향이 닿는 곳에서 지혜와 생명이 번성한다. 당신을 둘러싼 환경이 아니라 평강을 주실 예수님을 바라보라. 인스타그램이 아니라 확신을 더하실 예수님을 바라보라. 당신 자신이 아니라 진리를 말씀하시는 예수님을 바라보라. 다른 곳을 보지 말고 지혜를 부어 주실 예수님을 바라보라.

2. 하나님께 귀 기울이라

지혜는 소란한 시대 가운데 우리를 침묵시키고 성경과 피조 세계와 교회를 통해 건네시는 하나님의 말씀에 귀 기울이게 한다. 오늘날 세상에서 시각적 자극이 우리를 향해 쇄도하는 만큼 고성과 고함 소리 역시 우리를 압도한다. 어떤 목소리에 귀 기울여야 하는 걸까? 그 목소리는 믿을 만할까? 하나님의 지혜의 목소리와 맥을 같이하는 소리일까?(잠 8장) 이 책은 독자들이 이러한 질문을 놓고 고민하도록 도전해 왔다.

잠언은 지혜를 '들음'과 연결시킨다.

- "지혜로운 자는 권고를 듣느니라"(잠 12:15).
- "생명의 경계를 듣는 귀는 지혜로운 자 가운데에 있느니라"(잠 15:31).
- "너는 권고를 들으며 훈계를 받으라. 그리하면 네가 필경은 지혜롭게 되리라"(잠 19:20).
- "내 아들아 지식의 말씀에서 떠나게 하는 교훈을 듣지 말지니라"(잠 19:27).

이 세대가 어리석은 것은 우리가 불협화음으로 인해 경청하는 능력을 상실하고 있기 때문이다. 지혜는 거짓된 음성을 음소거하고 하나님의 음성을 향해 귀를 열며 그분의 모든 말씀을 주의 깊게 듣는다. 예수님은 반복해 말씀하셨다. "귀 있는 자는 들을지어다"(마 11:15; 13:9, 43; 막 4:9; 눅 8:8; 14:35).

3. 하나님을 사랑하라

지혜는 하나님에 대한 지적 지식일 뿐 아니라 하나님을 향한 깊은 갈망이다. 하나님처럼 되어 세상을 알려는 열망이 아니라 하나님 곁에서 세상을 알려는 열망이다. 지혜는 하나님의 임재를 끊임없이 추구한다. 생명의 떡이자 생명의 물이신 하나님을 향한 간절한 굶주림이자 목마름이다. 지혜는 예배다.

존 오웬은 이렇게 썼다. "마음으로 은혜를 맛보지 않았다면 그리스도의 사랑을 제대로 알고 있다고 자만하지 말라. … 그리스도는 하나님이 당신의 영혼을 먹이려고 차려 주신 고기이자 빵이자 음식이다."[7]

내가 만난 현명한 이들을 떠올려 보면 그들이 하나같이 갖추고 있는 특징이 있다. 바로 하나님과 함께 있는 것을 좋아한다는 점이다. 그들의 기쁨 어린 표정과 흔들리지 않는 평온함에는 하나님의 임재를 향한 열망이 깃들어 있었다. 따뜻한 브라우니를 먹거나 아름다운 석양을 바라보거나 비발디의 바이올린 연주곡을 들을 때도 그들의 눈망울에는 하나님과 함께하고 싶은 마음이 충일했다. 반짝이던 그들의 눈망울은 브라우니와 석양과 비발디 때문이 아니었다. 그것들을 통해 그 너머에 계신 분을 보았기 때문이었다. 그렇게 그들은 주님의 선하심을 맛보아 알았다(시 34:8). 그 어떤 것보다 주님을 사랑했기에 인생의 다른 모든 것이 의미를 찾게 된 것이다. 삶은 단순히 견딜 만하고 이해할 만한 것이 아니다. 삶은 영광스러운 것이다.

오직 하나님께 영광을

　지혜로운 삶이 영광스러운 이유는 우리가 애당초 그렇게 창조되었기 때문이다. 우리 삶이 지혜의 모양을 덧입을 때, 즉 올바른 질서를 따르고 하나님을 향할 때 우리 삶은 보다 생생해질 것이다. 건강한 아이가 부모에게 영광을 주듯, 결실이 풍성한 포도밭이 주인에게 영광을 주듯, 파릇파릇한 정원이 관리인에게 영광을 주듯 우리 삶이 하나님의 지혜를 꽃피울 때 우리는 하나님께 영광을 돌린다. 지혜로운 사람으로 무르익어 가는 과정은 우리가 아닌 하나님의 영광을 드러낸다.
　정신을 훼손하고 영혼을 질식시키는 유해한 음식을 먹을 정도로 어리석을 때 우리는 병들어 시든 나무가 되어 잎은 마르고 썩은 과실을 맺는다. 우리는 세상에 아름다움과 산소를 주기는커녕 쓴 열매만 줄 뿐이다. 우리의 뿌리는 메말라 비틀어지고 가지는 쉽게 부러지며 실바람에도 금세 고꾸라진다. 우리는 바람에 날리는 겨와 같다.
　그러나 우리가 지혜로워질 때, 즉 생명의 떡을 먹고(요 6:35)

포도나무에서 붙어 있으며(요 15:4-5) 하나님이 마련해 주신 진리의 물가에 뿌리를 내릴 때, 우리는 어떠한 가뭄에도 잎이 무성하고 과실이 넘치는(렘 17:8) 시냇가에 심은 나무가 될 것이다(시 1:3). 우리의 뿌리는 깊고 굳세게 물가에 박혀 개울의 생명력을 한껏 들이마실 것이다. 우리의 가지는 마치 손을 높이 들고 창조주를 찬양하듯 위로, 또 위로 뻗칠 것이다. 바람이 세차게 몰아쳐도 이 지혜의 가지는 결코 꺾이지 않을 것이다. 이 가지들은 마치 박수 치고 기뻐 춤추듯 바람을 따라 흔들리면서 그 거센 바람을 찬양의 기회로 변화시킬 것이다.

오직 하나님께 영광이 있을지어다!

토의를 위한 질문

1) 당신의 인생에서 만난 가장 지혜로운 사람은 누구인가? 그들의 지혜를 극명하게 보여 주는 특징은 무엇인가?

2) 지혜 피라미드의 항목을 재정렬하거나 다른 항목을 더하거나 빼고 싶은가? 그 이유를 말해 보자.

3) 하나님과 아무런 관계가 없는 사람에게도 지혜가 있을까? 만일 있다면 어떻게 그럴 수 있을까? 그런 지혜는 어떤 모습일까?

감사의 글

책의 여정은 여느 창작물의 여정처럼 길고 구불구불하며, 그 과정에서 수많은 방향으로 영향을 받는다. 이 책의 집필에 있어 지혜에 대한 개념과 사랑을 형성해 주신 부모님, 가족, 친구, 목사님, 교수님, 그리고 우리 집의 지혜의 귀감이 되어 준 아내 키라에게 감사를 전한다. 험블 비스트Humble Beast의 토머스 테리와 라이언 리스터는 이 주제에 대해 이야기하며 지혜 피라미드라는 아이디어를 불러일으켰다. 피라미드 그래픽을 아름답게 디자인한 제레미 하만, 트위터에서 그래픽으로 도움을 준 맷 스메서스트, 교회에서 예언적 격려를 해 준 맨디 랜돌프에게도 감사한다. 나의 최초 아이디어 형성을 도와준 에이전트 에릭 월게무스, 프로젝트를 시작하고 완성한 크로스웨이 출판사의 데이브 드윗과 작업자들, 이 책에 대해 피드백해 준 수많은 사람들, 내가 책을 썼던 산타아나에 있는 카페의 바리스타, 8개월 동안 아빠와의 토요일 아침을 포기하고 글쓰기에 집중하게 해 준 나의 귀여운 아들 쳇에게도 고마움을 전하고 싶다.

주

서문: 지혜가 사라진 시대

1. "Word of the Year 2016," Oxford Languages, accessed April 9, 2020, https://en.oxforddictionaries.com/word-of-the-year/word-of-the-year-2016.
2. D. W. Pine, "Is Truth Dead? Behind the TIME Cover," *Time*, March 23, 2017, http://time.com/4709920/donaldtrumptruthtimecover/.
3. Jean M. Twenge, "Have Smartphones Destroyed a Generation?" *The Atlantic*, September 2017, https://www.theatlantic.com/magazine/archive/2017/09/has-the-smartphone-destroyed-a-generation/534198/.
4. Maggie Fox, "Major Depression on the Rise among Everyone, New Data Shows," *NBC News*, May 10, 2018, https://www.nbcnews.com/health/health-news-major-depression-rise-among-everyone-new-data-shows-n873146.
5. "Depression: Key Facts", World Health Organization, March 22, 2018, https://www.who.int/news-room/fact-sheets/detail/depression.
6. Dan Witters, "Record 21 States See Decline in Well-Being in 2017," *Gallup*, February 13, 2018, https://news.gallup.com/poll/226517/record-states-decline-2017.aspx.
7. *Cigna U.S. Loneliness Index: Survey of 20,000 Americans Examining Behaviors Driving Loneliness in the United States*, May 2018, https://www.multivu.com/players/English/8294451-cigna-us-loneliness-survey/docs/Index Report_1524069371598173525450.pdf.
8. "PM Launches Government's First Loneliness Strategy," Gov.UK, October 15, 2018, https://www.gov.uk/government/news/pm-launches-governments-first-loneliness-strategy.
9. Steven H. Woolf and Heidi Schoomaker, "Life Expectancy and Mortality Rates in the United States, 1959-2017," JAMA Network, November 26, 2019, https://jamanetwork.com/journals/jama/fullarticle/2756187.
10. Maryanne Wolf, *Reader, Come Home*(New York: Harper, 2018), 62. 『다시, 책으로』(어크로스).

11. Samaritan's Purse에서 제작한 다큐멘터리 *Facing Darkness*(2017)는 이 이야기를 아름답게 그린다.: https://www.imdb.com/title/tt5835100/.

1부. 질병의 근원

정보 폭식

1. Jeff Desjardins, "What Happens in an Internet Minute in 2019?" Visual Capitalist, March 13, 2019, https://www.visualcapitalist.com/what-happens-in-an-internet-minute-in-2019/.
2. Jeff Desjardins, "How Much Data Is Generated Each Day?" Visual Capitalist, April 15, 2019, https://www.visualcapitalist.com/how-much-data-is-generated-each-day/.
3. Verlyn Klinkenborg, "Editorial Observer; Trying to Measure the Amount of Information That Humans Create," *The New York Times*, November 12, 2003, https://www.nytimes.com/2003/11/12/opinion/editoria-lobserver-trying-measure-amount-information-that-humans-create.html.
4. 대니얼 레비틴(Daniel Levitin)이 기고한 글에서 인용했다. "Why the Modern World Is Bad for Your Brain," *The Guardian*, January 18, 2015, https://www.theguardian.com/science/2015/jan/18/modern-world-bad-for-brain-daniel-j-levitin-organized-mind-information-overload, 이 글은 레비틴의 책, 『정리하는 뇌』(*The Organized Mind: Thinking Straight in the Age of Information Overload*, 와이즈베리)에서 가져왔다.
5. Neil Postman, *Amusing Ourselves to Death*(New York: Penguin Books, 1985), 99. 『죽도록 즐기기』(굿인포메이션).
6. Jacques Ellul, *The Technological Society*(New York: Alfred A. Knopf, 1964), 325. 『기술의 역사』(한울).
7. Ellul, *The Technological Society*, 329.
8. 이 내용은 내가 기고한 글에도 나온다. 이곳을 보라. "How to Avoid Anger Overload in the Digital Age," *The Gospel Coalition*, July 15, 2019, https://www.thegospelcoalition.org/article/anger-overload-digital-age/.
9. Postman, *Amusing Ourselves to Death*, 68.
10. Postman, *Amusing Ourselves to Death*, 69.

11. 이 내용 중 일부는 내 논문에서 가져 왔다. "4 Ways Netflix Perpetuates Modern Anxieties," The Gospel Coalition, February 1, 2018, https://www.thegospelcoalition.org/article/4-ways-netflix-perpetuates-modern-anxieties/.
12. Alvin Toffler, *Future Shock*(New York: Random House, 1970). 『미래의 충격』(범우사).
13. Tony Reinke, *Competing Spectacles: Treasuring Christ in the Media Age*(Wheaton, IL: Crossway, 2019), 32-33. 『스펙터클 문화 속의 그리스도인』(개혁된실천사).
14. Charles Taylor, *A Secular Age*(Cambridge, MA: The Belknap Press of Harvard University Press, 2007), 299.
15. Alan Noble, *Disruptive Witness: Speaking Truth in a Distracted Age*(Downers Grove, IL: InterVarsity Press, 2018), 24.
16. Maryanne Wolf, *Reader, Come Home*(New York: Harper, 2018), 198.
17. Jaron Lanier, *Ten Arguments for Deleting Your Social Media Accounts Right Now*(New York: Henry Holt & Company, 2018), 79-80. 『지금 당장 당신의 SNS 계정을 삭제해야 할 10가지 이유』(글항아리).
18. 실제로 애플의 로고가 이 이야기에서 비롯했다는 뜻은 아니다. 모호하지만 상징적인 이 로고가 창세기 3장과 "금단의 열매"를 상기시킨다는 점은 내게 흥미롭다.

새로움에 대한 강박

1. Rani Molla, "U.S. Internet Speeds Rose Nearly 40 Percent This Year," Vox, December 12, 2018, https://www.vox.com/2018/12/12/18134899/internet-broafband-faster-ookla.
2. Isla McKetta, "The World's Internet in 2018: Faster, Modernizing and Always On," Speedtest, December 10, 2018, https://www.speedtest.net/insights/blog/2018-internet-speeds-global/.
3. C. S. Lewis, *The Screwtape Letters*(New York: HarperOne, 1942), 137. 『스크루테이프의 편지』(홍성사).
4. Nicholas Carr, *The Shallows: What the Internet Is Doing to Our Brains*(New York: W. W. Norton & Company, 2010), 193-94. 『생각하지 않는 사람들』(청림).
5. Maryanne Wolf, *Reader, Come Home*(New York: Harper, 2018), 72-73.
6. Carr, *The Shallows*, 138, 166.
7. C. S. Lewis, *Surprised by Joy*(Orlando, FL: Harcourt, 1955), 201. 『예기치 못한

기쁨』(홍성사).
8. Augusto Del Noce, "The Death of the Sacred" in *The Crisis of Modernity*(Montreal: McGill-Queen's University Press, 2014), 127.
9. Jonathan Haidt and Tobias Rose-Stockwell, "The Dark Psychology of Social Networks," *The Atlantic*, December 2019, https://www.theatlantic.com/magazine/archive/2019/12/social-media-democracy/600763/.
10. Tony Reinke, *Competing Spectacles*(Wheaton, IL: Crossway, 2019), 55–56.
11. Matthew B. Crawford, *The World Beyond Your Head*(New York: Farrar, Straus & Giroux, 2015), 16. 『당신의 머리 밖 세상』(문학동네).
12. Erica Pandey, "Sean Parker: Facebook Was Designed to Exploit Human 'Vulnerability,'" Axios, November 9, 2017, https://www.axios.com/sean-parker-facebook-was-designed-to-exploit-human-vulnerability-15133067826d18fa3254384e60af7113d126b58e41.html.
13. Carr, *The Shallows*, 157.
14. Jon Levine, "Daily Beast Reporter Deletes 'Inaccurate' Tweets on Jussie Smollett Case," *The Wrap*, February 19, 2019, https://www.thewrap.com/daily-beast-reporter-deletes-inaccurate-tweets-jussie-smollett-case-trump/.
15. Kevin DeYoung, "Distinguishing Marks of a Quarrelsome Person," The Gospel Coalition(blog), June 13, 2019, https://www.thegospelcoalition.org/blogs/kevindeyoung/distinguishing-marks-quarrelsome-person/.
16. Jonathan Edwards, *Religious Affections*, ed. James M. Houston(Minneapolis: Bethany House, 1986), 147. 『신앙감정론』(부흥과개혁사).
17. A. W. Tozer, *The Wisdom of God*, ed. by James L. Snyder(Minneapolis: Bethany House, 2017), 164. 『하나님의 지혜는 지식으로 얻을 수 없다』(규장).

자율성의 이면

1. Tom Nichols, *The Death of Expertise: The Campaign against Established Knowledge and Why it Matters*(Oxford: Oxford University Press, 2017). 『전문가와 강적들』(오르마).
2. "Kellyanne Conway: Press Secretary Sean Spicer Gave 'Alternative Facts'" *NBC News*, January 22, 2017, https://www.youtube.com/watch?v=VSrEEDQgFc8.
3. Abdu Murray, *Saving Truth: Finding Meaning & Clarity in a Post-*

Truth World(Grand Rapids, MI: Zondervan, 2018), 14.
4. Alan Noble, *Disruptive Witness: Speaking Truth in a Distracted Age*(Downers Grove, IL: InterVarsity Press, 2018), 25.
5. Nancy Pearcey, *Love Thy Body*(Grand Rapids, MI: Baker, 2018), 21. 『네 몸을 사랑하라』(복있는사람).
6. Pearcey, *Love Thy Body*, 32.
7. Family Policy Institute of Washington, "Gender Identity: Can a 5'9, White Guy Be a 6'5, Chinese Woman?" YouTube video, April 13, 2016, 4:13, https://www.youtube.com/watch?v=xfO1veFs6Ho.
8. "Read Oprah Winfrey's Golden Globes Speech," *The New York Times*, January 7, 2018, https://www.nytimes.com/2018/01/07/movies/oprah-winfrey-golden-globes-speech-transcript.html.
9. Alain Ehrenberg, *The Weariness of the Self: Diagnosing the History of Depression in the Contemporary Age*(Montreal: McGill-Queen's University Press, 2010), 218-19.
10. Matthew B. Crawford, *The World beyond Your Head*(New York: Farrar, Straus & Giroux, 2015), 145.

2부. 지혜의 근원: 삶을 지혜롭게 하는 진리의 보고

1. Peter Leithart, *Traces of the Trinity*(Grand Rapids, MI: Brazos Press, 2015), 10-11.
2. A. W. Tozer, *The Wisdom of God*, ed. by James L. Snyder(Minneapolis: Bethany House, 2017), 65.

성경
1. John M. Frame, *The Doctrine of the Word of God*(Phillipsburg, NJ: P&R, 2010), 56. 『신론』(기독교문서선교회).
2. 예수님은 구약성경을 신뢰하셨다(그 시대의 성경은 구약이었다). 패커는 구약이 "그리스도의 전체 사역의 토대였다"고 주장한다. 예수님은 당대의 성경 해석에 도전하셨지만, 하나님의 권위 있는 말씀인 성경의 본질과 지위를 인정하고 수용하셨다." J. I. Packer, *"Fundamentalism" and the Word of God*(Grand Rapids, MI: Eerdmans, 1958), 58.
3. Packer, *"Fundamentalism" and the Word of God*, 139.

4. Packer, *"Fundamentalism" and the Word of God*, 161.
5. R. C. Sproul, *Scripture Alone: The Evangelical Doctrine*(Phillipsburg, NJ: P&R, 2005), 17.
6. Sproul, *Scripture Alone*, 85.
7. Westminster Confession of Faith(1.5): https://www.ligonier.org/learn/articles/westminster-confession-faith/.
8. Frame, *The Doctrine of the Word of God*, 309.
9. Packer, *"Fundamentalism" and the Word of God*, 112.
10. John Calvin, *Institutes of the Christian Religion*, 1.7.4(Peabody, MA: Hendrickson Publishers, 2008), 33.
11. Jonathan Edwards, *Religious Affections*, ed. by James M. Houston(Minneapolis: Bethany House, 1986), 113.
12. Edwards, *Religious Affections*, 114-15.
13. Packer, *"Fundamentalism" and the Word of God*, 112.
14. 이 장에서 거론한 책들 외에도 성경에 관한 훌륭한 책들이 많다. 다음 저서들은 성경의 본질, 권위, 신뢰성을 탐색하도록 도와준다. William Whitaker, *Disputations on Holy Scripture*; B. B. Warfield, *The Inspiration and Authority of the Bible*; D. A. Carson and John D. Woodbridge, eds., *Scripture and Truth*; Meredith Kline, *The Structure of Biblical Authority*, 『언약: 성경권위의 구조』(새순출판사); Michael Kruger, *Canon Revisited: Establishing the Origins and Authority of the New Testament Books*; Peter J. Williams, *Can We Trust the Gospels?*; Wayne Grudem, C. John Collins, Thomas R. Schreiner, eds., *Understanding Scripture: An Overview of the Bible's Origin, Reliability, and Meaning*, 『성경, 어떻게 이해할 것인가』(부흥과개혁사).
15. 바이올라 대학교 마케팅 부서에서 일했던 시절의 "모든 것을 성경적으로 생각하세요"라는 슬로건과 캠페인이 떠올랐다. https://youtu.be/hdXwmOYBgSk.
16. Frame, *The Doctrine of the Word of God*, 165.
17. John Owen, *The Glory of Christ*(Edinburgh: Banner of Truth Trust, 1994), 33. 『그리스도의 영광』(지평서원).
18. Augustine, *On Christian Doctrine*(Pickerington, OH: Beloved Publishing, 2014), 41. 『기독교 교양』(CH북스).
19. Frame, *The Doctrine of the Word of God*, 296.
20. Matt Smethurst, "Does God Love You? You Own Tangible Evidence." The Gospel Coalition, July 22, 2019: https://www.thegospelcoalition.org/article/god-love-tangible-evidence/

21. John Wesley, preface to *Sermons on Several Occasions*, Volume 1, 온라인 사이트에서 볼 수 있다. https://en.wikisource.org/wiki/Sermons-on-Several-Occasions/Volume-I/Preface.
22. Owen, *The Glory of Christ*, 158.

교회

1. C. S. Lewis, "Hamlet: The Prince or the Poem?" in *Selected Literary Essays*, ed. Walter Hooper(Cambridge: Cambridge University Press, 1969), 99.
2. Trevin Wax, "What Is Expressive Individualism a Challenge for the Church?" The Gospel Coalition, October 18, 2018, https://www.thegospelcoalition.org/blogs/trevin-wax/expressive-individualism-challenge-church/.
3. Mark Sayers, *Reappearing Church*(Chicago: Moody Publishers, 2019), 187.
4. Benjamin B., "Emmanuel Lubezki, ASC, AMC Creates Emotionally Resonant Imagery for Terrence Malick's *The Tree of Life*," *American Cinematographer*, August 2011, https://theasc.com/ac_magazine/August2011/TheTreeofLife/page1.html.
5. Lisa Respers France, "Chris Pratt Responds to Ellen Page's Claim His Church Is AntiLGBT," *CNN*, February 12, 2019, https://www.cnn.com/2019/02/12/entertainment/chris-pratt-ellen-page-church/index.html.

자연

1. Dana Gioia, "In Chandler Country"(1986), Poetry Foundation website, accessed April 9, 2020, https://www.poetryfoundation.org/poems/46412/in-chandler-country.
2. Cynthia Barnett, "Op-ed: We May Live in a PostTruth Era, but Nature Does Not," *Los Angeles Times*, February 10, 2017, https://www.latimes.com/opinion/op-ed/la-oe-barnett-nature-alternative-facts-20170210story.html.
3. Mark Evans, "Three Components of Wisdom," The Gospel Coalition, Canada Edition, June 13, 2018, https://ca.thegospelcoalition.org/article/three-componentsofwisdom/.
4. C. S. Lewis, "The Weight of Glory," in *The Weight of Glory and Other Addresses*(New York: Macmillan, 1949), 44. 『영광의 무게』(홍성사).
5. John Calvin, *Institutes of the Christian Religion*, 1.14(Peabody, MA: Hendrickson Publishers, 2008), 101.
6. Augustine quoted in Vernon Bourke, trans. *The Essential Augustine*(New

American Library, 1964), 123.
7. John Frame, *Nature's Case for God* (Bellingham, WA: Lexham Press, 2018), 4, 7. 『자연, 양심, 하나님』(좋은씨앗).
8. Jonathan Edwards, "Covenant of Redemption: Excellency of Christ," in *Jonathan Edwards: Representative Selections*, ed. Clarence H. Faust and Thomas H. Johnson (New York: Hill and Wang, 1962), 373-74.
9. Reginald Heber, "Holy, Holy, Holy," 1828.
10. Gerard Manley Hopkins, "God's Grandeur," Poetry Foundation website, accessed April 9, 2020, https://www.poetryfoundation.org/poems/44395/gods-grandeur.
11. Michael Horton, *Rediscovering the Holy Spirit* (Grand Rapids, MI: Zondervan, 2017), 48. 『성령의 재발견』(지평서원).
12. Pope Francis, *Encyclical on Climate Change & Inequality: On Care for Our Common Home* (Brooklyn: Melville House, 2015), 53.
13. Wendell Berry's "The Peace of Wild Things." 걸작이 많은 장르인 자연시 중에서 내가 가장 좋아하는 시다.
14. Brett and Kay McKay, "A Call for a New Strenuous Age," *The Art of Manliness*: https://www.artofmanliness.com/articles/call-new-strenuous-age/
15. Richard Louv, *Last Child in the Woods* (Chapel Hill, NC: Algonquin Books, 2005), 98. 『자연에서 멀어진 아이들』(즐거운상상).
16. Florence Williams, *The Nature Fix: Why Nature Makes Us Happier, Healthier, and More Creative* (New York: W. W. Norton & Company, 2017), 81. 『자연이 마음을 살린다』(더퀘스트).
17. Cassandra Brooklyn, "Forget Weed. Colorado's Hottest Trend is Forest Bathing," *The Daily Beast*, Sept. 2, 2019, https://www.thedailybeast.com/forest-bathing-forget-weed-this-is-colorados-hot-mind-bending-trend.
18. Frame, *Nature's Case for God*, 82.
19. Francis, *Encyclical on Climate Change & Inequality*, 57, 75.
20. Camille Paglia, "Camille Paglia: Feminists have abortion wrong, Trump and Hillary miscues highlight a frozen national debate," *Salon*, April 7, 2016, https://www.salon.com/2016/04/07/camille_paglia_feminists_have_abortion_wrong_trump_and_hillary_miscues_highlight_a_frozen_national_debate/.
21. Camille Paglia, "Feminism and Transgenderism," in *Provocations* (New York: Pantheon Books, 2018), 197-98.
22. Pope Francis, Encyclical on Climate Change & Inequality, 95-96.
23. 피터 크리프트(Peter Kreeft)의 발언은 이곳에서 가져왔다. Humanum, "Episode

3: Understanding Man & Woman," Vimeo video, 2016, https://vimeo.com/ondemand/humanum/161137718.
24. 이 글의 일부는 내 블로그에서 가져왔다. "Where Water Meets Rock," July 14, 2017, https://www.brettmccracken.com/blog/2017/7/13/where-water-meets-rock.
25. Gavin Ortlund, "20 Reasons Why Christians Should Care for the Environment," *Soliloquium*(blog), March 8, 2008: https://gavinortlund.com/2008/03/08/20-reasons-why-christians-should-care-for-the-environment/.
26. Timothy Keller, "Lord of the Earth" (sermon, Redeemer Presbyterian Church, New York, NY, December 10, 2000), https://www.youtube.com/watch?v=BrbSET3IJS8.
27. Francis Schaeffer, *Pollution and the Death of Man*(Wheaton, IL: Tyndale, 1970), 91.『환경오염과 인간의 죽음』(생명의말씀사).
28. Francis of Assisi, "All Creatures of Our God and King," 1225.

책

1. Mark Edmundson, *Why Read?*(New York: Bloomsbury, 2004), 135.
2. Julianne Chiaet, "Novel Finding: Reading Literary Fiction Improves Empathy," Scientific American, October 4, 2013, https://www.scientificamerican.com/article/novel-finding-reading-literary-fiction-improves-empathy/.
3. Barack Obama and Marilynne Robinson, "President Obama & Marilynne Robinson: A Conversation—II," *The New York Review of Books*, November 19, 2015, https://www.nybooks.com/articles/2015/11/19/president-obama-marilynne-robinson-conversation-2/.
4. C. S. Lewis, *An Experiment in Criticism*(Cambridge: Cambridge University Press, 1961), 137-38.『오독』(홍성사).
5. Susan Sontag quoted in Steve Wasserman, "Steve Wasserman on the Fate of Books after the Age of Print," *Truthdig*, March 5, 2010, https://www.truthdig.com/articles/steve-wasserman-on-the-fate-of-books-after-the-age-of-print/.
6. Marilynne Robinson, *When I Was a Child I Read Books*(NewYork: Farrar, Straus & Giroux, 2012), 23.
7. Maryanne Wolf, *Reader, Come Home*(New York: Harper, 2018), 56.
8. Andy Crouch, "On the News," 2020, https://andycrouch.com/extras/on_the_news.
9. Edmundson, *Why Read?*, 135-36.

10. C. S. Lewis, preface to *On the Incarnation*, by St. Athanasius the Great of Alexandria(Yonkers, NY: St Vladimir's Seminary Press, 2011), 10. 『말씀의 성육신에 관하여』(죠이북스).
11. Edmundson, *Why Read?*, 91.
12. Alan Jacobs, *The Pleasures of Reading in an Age of Distraction*(Oxford: Oxford University Press, 2011), 17, 23.
13. Augustine, *On Christian Doctrine*, 2.40(Beloved Publishing, 2014), 80-81.
14. David Lyle Jeffrey, *Scripture and the English Poetic Imagination*(Grand Rapids, MI: Baker Academic, 2019), 215, 218.

아름다움

1. Jonathan Edwards, *Ethical Writings*(1749), volume 8 of *The Works of Jonathan Edwards*, ed. Paul Ramsey, 550-51, Jonathan Edwards Center at Yale University website, http://edwards.yale.edu/archive?path=aHR0cDovL2Vkd2FyZHMueWFsZS5lZHUvY2dpLWJpbi9uZXdwaGlsby9uYXZpZ2F0ZS5wbD93amVvLjc=.
2. David Lyle Jeffrey, *Scripture and the English Poetic Imagination*(Grand Rapids, MI: Baker Academic, 2019), 10.
3. Jeffrey, *Scripture and the English Poetic Imagination*, 203.
4. Dorothy L. Sayers, *The Mind of the Maker*(New York: Harcourt, 1941), 22. 『창조자의 정신』(IVP).
5. Richard Wilbur, "Lying," *Collected Poems 1943-2004*(Orlando, FL: Harcourt, 2004), 83.
6. Josef Pieper, *Only the Lover Sings: Art and Contemplation*(San Francisco: Ignatius Press, 1990), 32.
7. Cal Newport, *Digital Minimalism*(New York: Portfolio/Penguin, 2019), 103. 『디지털 미니멀리즘』(세종북스).
8. Matthew B. Crawford, *The World Beyond Your Head*(New York: Farrar, Straus & Giroux, 2015), 11.
9. Josef Pieper, *Leisure: The Basis of Culture*(San Francisco: Ignatius, 1963), 46.
10. Peter Scazzero, *Emotionally Healthy Spirituality*(Grand Rapids, MI: Zondervan, 2006), 143, 153. 『정서적으로 건강한 영성』(두란노).
11. Pieper, *Leisure*, 47, 48.

인터넷과 소셜 미디어
1. 이 글의 내용 일부는 내가 게시한 글에서 가져 왔다. "The Digital Reformation," The Gospel Coalition, November 19, 2019, https://www.thegospelcoalition.org/article/digital-revolution-reformation/.
2. Justin Earley, *The Common Rule*(Downers Grove, IL: IVP Books, 2019), 88, 89.
3. Cal Newport, *Digital Minimalism*, 28.
4. C. S. Lewis, *Reflections on the Psalms*(London: Collins, 1958), 81. 『시편사색』(홍성사).

지혜의 참 모습
1. Ann Omley, "The Wise Man and the Foolish Man" 1948.
2. Edward Mote, "My Hope Is Built on Nothing Less" 1834. 우리말 가사는 "주 나의 반석이시니 그 위에 내가 서리라 그 위에 내가 서리라"이다(옮긴이).
3. J. I. Packer, *"Fundamentalism" and the Word of God*(Grand Rapids, MI: Eerdmans, 1958), 109.
4. Agosto Del Noce, "Authority versus Power," in *The Crisis of Modernity*(Montreal: McGillQueen's University Press, 2014), 189-90.
5. A. W. Tozer, *The Pursuit of God*(Harrisburg, PA: Christian Publications), 101. 『하나님을 추구함』(생명의말씀사).
6. Tozer, *The Pursuit of God*, 89, 91.
7. John Owen, *The Glory of Christ*(Edinburgh: Banner of Truth Trust, 1994), 55-56.

지혜 피라미드

지은이 브렛 맥크라켄
옮긴이 윤상필
판권 ⓒ(사)한국성서유니온선교회 2022
펴낸곳 (사)한국성서유니온선교회

초판 발행일 2022년 7월 20일
초판 3쇄 2024년 1월 4일

등록 제14-6호(1978. 10. 21)
주소 05663 서울시 송파구 오금로 22길 13
전화 02-2202-0091
팩스 02-2202-0095
이메일 edit02@su.or.kr
홈페이지 www.su.or.kr

ISBN 978-89-325-5068-8 03230

성서유니온선교회Scripture Union는 1867년에 영국에서 어린이 전도와 성경읽기 사역을 시작하여, 현재 120여 개국에서 다양한 사역을 펼치고 있는 국제 선교단체입니다.

한국성서유니온선교회는 1972년에 시작되어 한국 교회에 성경묵상QT을 소개하였고, 현재 전국 12개 지부에서 성경읽기, 어린이·청소년 전도, 캠프, 개인성경공부PBS, 그룹성경공부GBS, 지도자 훈련, 기독교 서적 출판 등의 사역에 힘쓰고 있습니다.

성서유니온선교회의 목적은 어린이와 청소년 그리고 그들의 가정에 하나님의 복음을 전하는 한편, 모든 그리스도인이 규칙적이고 체계적인 성경묵상을 통해 온전한 믿음에 이르도록 돕는 것입니다.